梁章钜

（1775—1849）

U0892294

“福建历史文化名人丛书”编委会

主　任：林蔚芬

副主任：王秀丽

委　员：康蓉晖　杨文飞　刘兴宏　李培娟

福建历史文化名人丛书
福建省社会科学界联合会 编

梁章鉅

经世名臣　文史名家　楹联大师

欧阳少鸣　编著

海峡出版发行集团 THE STRAITS PUBLISHING & DISTRIBUTING GROUP | 福建人民出版社 FUJIAN PEOPLE'S PUBLISHING HOUSE

图书在版编目（CIP）数据

梁章钜：经世名臣. 文史名家. 楹联大师 / 欧阳少鸣编著. -- 福州：福建人民出版社，2022.11

（福建历史文化名人丛书）

ISBN 978-7-211-08714-3

Ⅰ. ①梁… Ⅱ. ①欧… Ⅲ. ①梁章钜（1775-1849）—生平事迹 Ⅳ. ①K825.6

中国版本图书馆CIP数据核字（2021）第151891号

梁章钜

LIANGZHANGJU

——经世名臣 文史名家 楹联大师

作　　者：欧阳少鸣

责任编辑：何水儿

责任校对：李雪莹

出版发行：福建人民出版社　　**电　　话：**0591-87604366(发行部)

网　　址：http://www.fjpph.com　　**电子邮箱：**fjpph7211@126.com

地　　址：福州市东水路76号　　**邮　　编：**350001

经　　销：福建新华发行（集团）有限责任公司

印　　刷：福州凯达印务有限公司

地　　址：福州市金山红江路2号浦上工业园B区47号楼

开　　本：700毫米×1000毫米 1/16

印　　张：8.75

字　　数：89千字

版　　次：2022年11月第1版　　2022年11月第1次印刷

书　　号：ISBN 978-7-211-08714-3

定　　价：25.00元

本书如有印装质量问题，影响阅读，请直接向承印厂调换。

版权所有，翻印必究。

总 序

李 红

社会科学承载着“认识世界、传承文明、创新理论、咨政育人、服务社会”的重要功能，是人类赖以传承的精神支柱。近年来，福建省各级各部门认真贯彻《福建省社会科学普及条例》，社会科学普及工作扎实开展、稳步推进，通过举办全省社科普及宣传周、建立社科普及基地、开办社科普及讲坛等社科普及咨询平台载体，其制度化、常态化、大众化工作取得了明显成效。

习近平总书记指出，文化是民族生存和发展的重要力量，中华优秀传统文化已经成为中华民族的基因，植根在中国人内心，潜移默化地影响着中国人的思维方式和行为方式。福建文化是中华文化中极富特色的一部分，深度融入了中国文化的进程，展现出突破陈规、积极进取、兼容并包、锐意创新的胸襟和气魄。向大众传播福建优秀的历史文化知识，是福建省社科普及工作的重要内容。以接福建地气、讲福建故事、塑福建形象、续福建文脉的姿态编辑出版的“福建历史文化名人丛书”，既较为全面地展示了福建文化深厚的历史底蕴和丰富的人文精神，也为福建当下的社会文化建设提供了有益的资鉴。“福建历史文化名人丛书”所包含的朱熹、林则徐、严复、陈嘉庚等人物传记，记录了福建

文化之于中国历史的影响，同时也以人物史的叙述方式生动地展现出中国人文精神的风骨和传统文化的传承。

今天，我们提倡和弘扬社会主义核心价值观，必须从中华优秀传统文化中汲取丰富营养，否则就会缺乏生命力和影响力。“福建历史文化名人丛书”记录了福建历史文化人物的价值观践行轨迹，重温了这批福建历史文化乃至中国历史文化史上重要人物的生命历程，以浅显晓畅、通俗易懂的叙述方式讲述了中华优秀传统文化传承的当代意义，开辟了社会科学知识进入千家万户的新路子。

“最忆市桥灯火静，巷南巷北读书声。”一套好的社会科学普及丛书，总是能带动起读书的风气。将学习作为一种追求、爱好和健康的生活方式，也是“福建历史文化名人丛书”所期望实现的目标。在文字中领略福建地域文化魅力，在阅读中传承传统文化养分，在感悟中提升人文道德情操，社会科学普及丛书的出版，可谓正当其时。

（作者系福建省人民政府原副省长，福建省政协原副主席）

目　录

前 言

梁章钜是清代中晚期从福建走出去的著名经世名臣、文史名家、楹联大师和笔记大家。

梁章钜，清乾隆四十年（1775年）七月初七日诞生于福州城内淳仁里的梁宅中。嘉庆七年（1802年），梁章钜考中进士。道光（1821—1850）年间历官江苏、山东、江西按察使，江苏、甘肃布政使，广西、江苏巡抚，曾四次兼署两江总督。

梁章钜的成长、仕宦及著述时期，恰逢鸦片战争爆发前后，封闭的国门被打开，这是中国封建社会后期的一个转型阶段，社会性质发生着深刻变化，进入近代，思想文化界于此社会重大变革之际，同样也酝酿着巨大变革。由于梁章钜身处当时政坛与学术的前沿方阵中，弄潮于嘉庆、道光时期的经世致用思潮产生巨大影响之时，相交于当时纪昀、翁方纲、阮元、林则徐、龚自珍、魏源等新旧人物之中，折冲于朝廷与地方的重大时务之间，凡此种种经历，又无不与梁章钜各个时期的生平相融合交错。身处这个时代的梁章钜，内心深处必然承受着煎熬、思考和焦虑，面对巨变的时代，他也在寻求着救世之道和自我的立身之道，这在他的所作所为和著述中都有反映。梁章钜一生之轨迹，在那个时代的知识分子中，有着典型的象征与标志意义。

为官期间，梁章钜政绩斐然。他秉持有心用世、于世有为

的理念，对当时的税赋、贫富不均、吏治腐败等问题均予以深切关注，对关乎国计民生、经济命脉的漕运、盐课、农耕、水利以及教育等诸问题更是深加思索和探寻解决问题之道，且身体力行，躬行实践，成效卓著。为人所称道的如修复练湖牌坝，治理泖湖，疏浚吴淞，兴修孟渎、得胜、澡港三河等，都留下业绩与口碑。面对因水灾而流离失所的60万灾民，则殚精竭虑，精心组织施救，使得无人因此而病亡。他振兴书院，整肃科场，泽惠学子。面对鸦片泛滥成灾、国弱民穷，他强烈主张禁烟，积极配合协助林则徐查禁鸦片。鸦片战争爆发后，他坚持抗英，驰骋于桂沪之间，积极备战，对投降派严厉斥责，高度肯定三元里的抗英斗争。他还是当时第一个提出要收复香港的大臣。

梁章钜是清代中晚期一位卓有成就的学者和文学家，所著的著作共计70多种800余卷之巨，这在那个时期是相当罕见的。梁章钜一生与书为伍，苦读不懈，著述不止。从幼儿启蒙开始的20余年的受业阶段，到近40年的从政宦程，梁章钜都与诗文、著述相伴，笔耕不辍。林则徐称其著述之巨、成就之大，为有清一代“仕宦中著撰之丰无出其右”，是“卓然当代伟人”！

梁章钜著述内容极其丰富，题材广泛，所著涉及政治经济、文化历史、考证实录、笔记丛谈、科学技术、文学艺术诸类，取得常人所难达到的成就。更难得的是，多部著作和研究的成就或是填补了该领域的空白，或是旁征博引，集其大成，成为标志性的里程碑。他所著的《楹联丛话》是中国历史上第一部对楹联这种文艺形式进行系统研究和总结的联话著作。这部著作的问世，结束了中国上千年楹联史有作品而无研究的状况。其所著的《称谓录》一书，也是一部划时代的著作，该书搜罗宏富，引证详博，弥补了我国历史上没有称谓专书的空白。清代堪称笔记创作最为丰盛之时代，梁章钜的笔记创作是清代笔记成就的一个典范和杰出代表。梁章钜诗话的研究与创作有着自己独特的见解和很高的学术参考价值，同时也被视为区域诗话的经典代表。梁章钜的诗歌创作数量繁富，不仅记录了自己的人生历程，也折射出鸦片战争前后中国历史的风云变幻。

鼇峯書院

第一章

书香绵延 艰辛求学

梁章钜出生于书香世家，5 岁前由母亲启蒙读书，5 岁后跟着父亲“随往读书”，或者是“在家读书,先考自课之”。后就读鳌峰书院，受业于郑光策之后，“始知向学，前后凡十载，获益良多”。在诸多师长的悉心教授以及自己的刻苦努力下，梁章钜沿着科举的道路，稳步前行。

第一节 书香世家 儒门泽延

书香世家

梁章钜，字闳中，又字茝林，号茝邻，晚年自号退庵。其祖为福建长乐县江田里人，清初，其祖父携家迁居福州城中。梁章钜家族一脉可谓名门之后，林则徐在梁章钜的墓志铭中说，梁章钜这一支“系出安定梁氏，宋时分居长乐县南乡之江田，遂为长乐人”。梁章钜自己考证其家世乃是“由泉州宋丞相文靖公派下分居福州长乐县”。宋文靖公即南宋状元梁克家，曾任福州知州，大致在福州任上传衍了梁章钜祖上这一支脉。梁章钜祖上这一支自明中叶到清代梁章钜父辈14世，虽然没有出过闻达于朝野的人物，但也代代皆出秀才。因此，乾隆（1736—1795）年间纪昀督学福建时，认为梁家这样绵延了十几代的文士世家很是难得，是“海内不数家也”，还亲书“书香世家”之匾榜于梁家的厅堂之上。

儒门泽延

梁章钜的祖父梁剑华，字天池，弱冠即入泮宫，为福州鳌峰书院诸生，自年轻时即显露出不凡的天赋，与后来成为鳌峰书院山长、曾主持书院长达8年的孟超然齐名。然而，命运弄人，梁天池始终无法扬眉于科场，只能在里中教书50余年。但梁天池是一个耿介正直的读书人，一直秉持梁家良好的家风，以“甘守清贫，力行克己；厌观流俗，奋勉修身”自勉，并以此教育梁家后人，在其80岁寿辰时，纪昀还亲为梁天池写了一篇长达530多字的寿序《梁天池封翁八十序》。纪昀与梁家三代皆有渊源，在这篇寿序中，纪昀对寿跻八秩却独困场屋50余年的梁天池多有宽慰之语，对梁家14代以来的醇正家风予以褒扬，对梁家后代必将呈现“蒸蒸继起”的兴隆景象予以深深期待。这一年梁章钜9岁。

梁天池共育有4子，梁章钜的父亲梁赞图（1739—1802），字斯志，又字翼斋，初名上治，在兄弟中排行第二，乾隆三十三年（1768年）举人。梁赞图参加科考道路与他的父亲、兄长非常相似，相当坎坷。他先后5次参加会试均名落孙山。在最后一次会试落选后，梁赞图就补了咸安宫教习一职，在京城过了3年的时光。乾隆四十四年（1779年），梁赞图教习期满以知县用，但梁赞图的父母此时却相继去世，他只能回里丁忧，更因悲伤过度，致疾病缠身，待服阙期满，已绝意仕宦。由于家境清寒，他只得在里中教授生徒，凭借舌耕维持家用。嘉庆三年（1798年）冬，梁赞图选授宁化县学教谕，4年后，嘉庆七年（1802年）八月，梁赞图病逝于宁化教谕任上。

梁赞图为人勤朴、重信义，内方正外宽和、勤于任事，在任宁化县教谕时，他目睹学宫数十年未得修葺，便主动捐出自己的俸银修缮学宫。学宫左右有多家游娱赌博场所，不仅嘈杂喧嚣，而且影响士风，梁赞图力廓而清之。他在任教谕的4年间，力行振文风、端士习，深为当地官民所爱戴。梁赞图虽然清贫一生，却不改操守和书生本色，为人方正，安贫乐道。他给自己的书斋起名为“四勿斋”，自己的著作也题名为《四勿斋随笔》。所谓“四勿”是指：“无益之念勿起，无益之事勿为，无益之言勿说，无益之物勿食。”

梁家延续了十几世的读书、教书的人生轨迹的宿命，在梁赞图身上并没有被打破，但是在他的儿子梁章钜身上，却有了变化，演绎出了与先辈完全不同的精彩篇章。梁氏家族繁衍到梁章钜父辈这一代，呈现出浓厚的文化和书卷氛围。梁章钜从小就生活在这种氛围中，这为其后来的成长以及禀赋的形成奠定了很好的基础。

第二节 艰苦求学 受教名师

幼年求学

乾隆四十年（1775年），梁章钜出生后不久，父亲梁赞图与叔父梁上国正在京城参加会试，梁上国高中进士，梁赞图却落榜了，但还是考取了内廷咸安宫教习。梁赞图在咸安宫任教习3年，至乾隆四十四年，教习期满以知县用。但是，这年十月，梁章钜的祖母林太淑人去世，梁赞图即回里丁忧。当梁赞图

福州黄巷内的梁章钜故居

从京城回到福州再次见到儿子时，梁章钜已经5岁了。

梁章钜5岁以前，由于父亲不在福州，对其启蒙讲学之事，全由母亲王太夫人担任。梁章钜在他所著的《闽川闺秀诗话》中对其母亲是这样记载的："先妣王太夫人，字淑卿，闽县人。候选主簿登元公长女。幼以孝闻……年二十三始归先考。居贫，操作稍暇，即课章钜读书。生平喜流观经史，通其大义，能诗而不甚注意，故所作无多……"王太夫人对梁章钜的影响主要体现在对其严格的要求，同时以自己颇有根底的文史知识熏陶、教育梁章钜。

梁赞图返回福州后，由于家境清寒，为了维持家庭起码的用度，便在里中教授生徒，相对来说，空闲的时间也多了起来。自此，梁章钜才得以在父亲身边随往读书，得到父亲的悉心教诲。

梁章钜在其6岁至12岁的几年时间里都是跟随着父亲梁赞图，随伴其侧。据梁章钜后来所著《退庵自订年谱》记载，父亲分别在“经院巷彭宅”“开元头林宅”“杨桥巷蒋宅”“盐法道德清戚公署斋”等处授徒，梁章钜则是“随往读书”，或者是“在家读书，先考自课之”。

父母的严格教诲，使得梁章钜自幼便养成了喜好读书的性格。但是，梁章钜的母亲王太夫人在梁章钜10岁时便去世了。在这一段时间里，梁赞图对梁章钜的教育严格细心，为梁章钜的学业打下了相当好的基础，同时还对他进行修身立志的教育，督促他立下远大志向和抱负。

入学鳌峰书院

梁赞图的身边有一群学问、品行俱佳的同里贤达，他们对梁章钜的成长也有着潜移默化的影响，而其中影响最大、最为深远的就是郑光策。这是因为郑光策日后不仅成了梁章钜的恩师，还成了梁章钜的岳丈。梁章钜后来曾说，自他受业于郑光策之后，“始知向学，前后凡十载，获益良多”。

郑光策（1755—1804），闽县人，初名天策，字宪光，一字琼河，中年因病足濒死，复生后自号苏年。郑光策年少失怙，家道贫寒，但他奋力苦读，于乾隆四十四年（1779年）中举，名列第二，次年又联捷成进士，但未获馆选，退就吏铨。郑光策仍下帷苦读，并加入了福州城的读书社，成为这个读书社年龄最小的成员。

郑光策先后主泉州、福清、龙岩等地书院的讲席。嘉庆二年（1797年），时任福建巡抚的汪志伊对郑光策的人品、学识极为敬重，请其主讲鳌峰书院。郑光策作为第二十二任鳌峰书院主讲，一直担任至嘉庆九年（1804年）去世为止。

在主讲鳌峰书院期间，郑光策大力提倡“经邦济世”的经世致用之学，他特别强调“古之为教者，必讲明夫修己治人之术，经邦济世之方”，借以改变以往的“所用者非所习，所习者非所用”的不良风气与学风。至于如何做到这一点，他认为必须“诲人宗旨，以立志为主”，“志定而后，教有所施”。以经世致用之学作为书院的教育宗旨，这不能不说是福建书院教育史上的一大进步和改革，同时也体现了清代嘉道期间经世致用学派教育思想的一大特色。郑光策还特别强调诸生必须摒弃弥漫于读书人之间的“气习污下，奔竞卑鄙”的恶习，树立有心用世、建功立业的远大志向，他说：“观古之有志于用世者，其成大功，建大名，不独学问过人，其坚忍强毅之气，亦必十倍于庸众。”郑光策还致力于探究“为民兴利除害”之学问，以求革新社会，而这也恰是流行于嘉道年间经世致用思潮的共识。

郑光策尤其注重培养青年才俊，而其培养方式，又特别在意是否有志向，这也是其诲人的宗旨。梁章钜在其《退庵随笔》一书中曾有这样的记载，每当有学生投其门下求学，请教学问之道，先生总是首先要问学生将来志向如何，然后再教导学生说，为学首先要有志向，必先“志定”，然后再问学、求学，要有方向，而为师者才好因材施教。

少年梁章钜身上所表现出来的异于他人的禀赋，深为阅人无数的郑光策所欣赏。当郑光策第一次见到梁章钜时，便决定将女儿许配给梁章钜，他要与梁家结为儿女亲家。林则徐后来生动地描述了当时的情景：“布政君（指梁章钜）甫十龄，一见决为大器，遂许字焉。”而此时郑光策的女儿不过五六岁而已。本来这是一件好事，但当郑光策将这一决定告诉家人时，竟遭到家人的反对，理由是梁家家境清贫。但是，郑光策主意已定，他力排众议，终于使这件事定了下来。

乾隆五十三年（1788年），梁章钜迈进了他向往已久的福州鳌峰书院。虽然梁章钜在鳌峰书院学习的时间不过两年，但是书院的学风、师长的教诲、学友之间的相互砥砺，对梁章钜有着极其深远的影响。

鳌峰书院内之正谊堂

鳌峰书院坐落在福州城内著名的三山之一的于山山麓，因书院正对着于山山顶的鳌顶峰而得名。还有传说鳌峰书院的形状有如一只巨鳌，于山山顶的鳌顶峰就是它高昂的鳌头。鳌峰书院的确是一个很好听、很吉祥的名字，其名称折射出在此读书学子金榜题名、独占鳌头的期盼与梦想。

鳌峰书院创办伊始就极注重人格的养成和学行并重的学风营造。自创办到1905年改为近代学堂，存续了两个世纪，可谓是执福建学术文化牛耳近200年，对福建知识界乃至世俗人心都产生了深远影响。书院培养了大量杰出的人才，据《鳌峰书院志》记载，截至嘉庆十年（1805年），鳌峰书院共考取进士163人，举人700多人。这些人当中，“上者醇茂敏达出为公卿，次亦化其乡人”。其中任教于鳌峰书院较著名者有蔡世远、雷鋐、孟超然、郑光策等；培养出著名的学生有郑亦邹、蓝鼎元、陈若霖、陈寿祺、林则徐、廖鸿荃、张际亮等，当然也包括日后被林则徐誉为“政事文章、经史著述，卓然当代伟人”的梁章钜了。

梁章钜得以进入鳌峰书院学习，就要提到陆锡熊。陆锡熊（1734—1792），字键男，号耳山，乾隆二十六年（1761年）进士。他以文学受知乾隆皇帝，与纪昀同为《四库全书》总纂官。陆锡熊学识渊博，资禀绝人。当时纪陆两人并驾齐驱，是《四库全书》与《四库全书总目》成书举足轻重的功臣。乾隆五十一年（1786年），陆锡熊提督福建学政，在福建视学前后三年。其来闽的第二年，就亲自甄别、考选生童。梁章钜正是由他遴选，从

上千名候选的童生中脱颖而出，被鳌峰书院所录取。

考试当日，陆锡熊见梁章钜年纪和身材都最小，便命他在堂上公案旁侍坐，可没想到，梁章钜坐下后，头仅略高出公案，陆先生又命人换成高的椅凳，可还是不够高，再次命人垫上三重的坐垫，待梁章钜坐定后，亲笔手书“尧、舜帅天下以仁”为试题，梁章钜很快完成了答卷，陆先生阅后，非常高兴，频频点头，赞赏有加。到了第二天的招覆，只余考生十余人了，陆先生再以“乐以忘忧”出题，待最后陆先生看了梁章钜的答卷，高兴而又肯定地说：“似此笔路，可保前艺非出倩代矣。”复试日，仍由陆锡熊主持，梁章钜的聪颖、扎实的学识基础以及文采，让陆锡熊称赞不已：“如此剪裁有法，出口成章，他日定有文名于世也。”过了一天，梁章钜即以第五名的成绩进入鳌峰书院学习。

梁章钜进入鳌峰书院时，书院的山长是孟超然。孟超然（1731—1797），清代著名学者、教育家，字朝举，号瓶庵，福建闽县人。孟超然自幼颖敏勤学，是梁章钜的父亲及诸位叔父在福州读书社时的社友。16岁中秀才，为当时的鳌峰书院山长林枝春所器重，选为拔贡，入太学。乾隆二十四年（1759年）参加省试，中解元，次年连捷成进士，改庶吉士，授兵部主事。累官吏部郎中、提督四川学政，很快以双亲年迈辞归，年方42岁，此后便杜门不再出仕。后经时任福建巡抚徐嗣曾多次盛情恳请，成为鳌峰书院第十八任山长。

孟超然任山长后，一丝不苟，勤于治学，废除书院烦琐规例，以“诚”字训导诸生，亲自考察勤惰。后来的一批杰出人才，如陈寿祺、梁章钜、林则徐等皆出其门下。

梁章钜第一次晋谒孟超然时，孟超然看着这个只有书桌高的小童生，亲自对其进行了一番笔试，当看到小小年纪的梁章钜试卷中有“诗心同水彻，书味与花和”这么一句与其年龄并不相仿的、流露出浓浓书卷气的清澈诗句，不禁大为赞赏，说：“此子必践清华，但吾不及见耳。”

从乾隆五十二年（1787年）到乾隆五十四年，梁章钜度过了两年寒窗苦读的时光，时间虽短，但对梁章钜日后的人生走向有着不可估量的影响。

第三节 尝思奋飞 以求致用

入泮第一

清代流行元旦开笔的习俗，以图新年大吉大利。不仅最高统治者极其注重这种仪式，民间也甚为流行。乾隆五十六年（1791年），梁章钜17岁，元旦这一天，梁赞图就让梁章钜提笔写下了“元旦开笔，入泮第一”八个字，而在此前每年元旦，梁赞图让梁章钜写的都是“元旦开笔，读书进益”。但是今年不同了，因为今年梁章钜将要参加童试，结果真应了这元旦开笔“入泮第一”的厚重期盼，梁章钜在这一年的秋天果真以第一名取入长乐县庠。

可能是好事多磨吧，这一年的童试也是一波三折。由于梁章钜居住省城福州，赴长乐应考，必须乘舟跨海，往返路程达百余里。梁章钜得知考试时间时已经滞后，乘船又为风潮所阻滞，当赶到长乐时，县试第二场的招覆已经开考了，梁章钜别无他法，只得叩门以求补考了。对梁章钜的迟到，长乐县大夫王佑郊大为恼怒。原来上年梁章钜虽以长乐县第二名送府，但因在府试中所答试卷的文风为考官所不喜而被黜，这次县试又迟到，自然惹怒了王佑郊。虽然同意他补考，但警告他一定要注意卷子的文风。这时已经是申时了，梁章钜虽感委屈，但也无心多想，进场后，立即静心敛气，提笔作答，一番奋笔疾书，待誊清交卷之时，尚未逾酉刻，这时交卷的考生也才不过十之八九。这次王佑郊看了梁章钜的文章，极合其口味，不禁大喜过望，于是特地单独留下梁章钜与其共进晚餐，并一同观看书吏写榜。这一年，梁章钜以县试录取第六名上报，参加下一轮的府试。最终，梁章钜这一年经过了府试、院试后，以第一名的成绩，得以入泮，进入县庠。

科榜题名

乾隆五十七年（1792年），梁章钜18岁，开始跟随郑光策于福州城三坊七巷之衣锦坊内的洗银营赵氏红玉斋读书。自乾隆五十年第一次与郑光策相见以来，梁章钜终于能够直接跟随在这位饱学而又正直的先生身边读书，这是既难得而又让梁章钜感到紧张的一件事。郑光策对于这位未来的女婿，更是着意培养，他多次让梁章钜熟读张惠言的文章，细品其妙处，进而以开拓心胸。乾隆五十九年，依惯例梁赞图又让梁章钜在元旦这一天来个元旦开笔。由于梁章钜已经入县庠，接下来就是要应举了，梁赞图就对梁章钜说："汝现应举，但书元旦举笔可也。"这年的秋闱，梁章钜果真举于乡。

乾隆五十九年（1794年）是甲寅年，本来是不举行乡试的，但这一年恰是乾隆登基六十年，所以开了恩科。这样，梁章钜在乾隆五十七年应乡试备而不荐后，在郑光策、林畅园二位名师的悉心教授下，经过两年的准备，第二次应乡试，终于中举。这次考试，恰逢福州城遭遇大水灾，自八月初八一直到十五，大雨如注，数日不停，以至于考试的号舍中水积达二尺有余。梁章钜凭借其坚忍的性格、良好的心理素质，硬是挺了过来，最后得以桂榜题名，两年来的艰辛终得报偿。事后，主考官程昌期感慨地说："霖潦非常之际，而尚能挥毫自如，精力弥满，如此自非禀赋之优，福分之厚，其孰能与于斯？"

乾隆五十九年，对于梁氏家族来说，可谓是充满喜气的一年，这年秋试，梁章钜与两位堂兄梁际昌、梁运昌同时中举。这不仅对于梁氏家族是一件大喜事，在当地也是难得一见的事情。

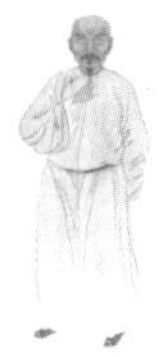

此时，一直关注着梁章钜成长的恩师孟超然已经64岁了，得知梁章钜中举的消息，喜不自禁，当即挥毫而就一首题为《贺梁氏三兄弟甲寅秋捷》的诗，以表庆贺之意：

晨兴觅榜录，拍手笑不止。录中列三梁，皆我故人子。
德门十五叶，书香方济美。追兹甫发扬，佳话动乡里。
回忆戊子秋，埙篪协宫征。今日馨愈大，联翩三凤起。
积厚流自光，居易命可俟。最难器识先，文章特末技。
吾乡百十年，盛事亦仅此。所望宏树立，庶几重桑梓。
况我抗颜忝，成蹊尽桃李。英英出鳌峰，白眉尤可喜。
会当趁顺风，结束入帝里。君家贤大阮，迟君相见迩。
提携玉堂仙，相将拜丹所。光家复光国，老衰正侧耳。

自乾隆六十年（1795年）起，梁章钜开始了追寻人生的下一个目标。这一年是乾隆皇帝登基60年，并禅位给嘉庆，故这一年特开恩科，梁章钜决定要进京参加会试。这是梁章钜第一次进京赶考。临行前，郑光策专门作文《送梁生紫林章钜公车北行序》为梁章钜饯行。其中最后一段是这样的："夫经史者，绩文之源也；忠孝者，制行之本也；勤俭廉洁者，淑身之端也；爱民仁物者，赴仕之的也，生能无忘所事而已其功，吾能测生之所至乎哉！荀子有云：丘陵学山不至于山，百川学海终至于海，唯已与不已焉已。生其勉思余言。"在这篇壮行的序文中，郑光策流露出长辈的殷切期望，鼓励梁章钜要始终不渝地朝自己的目标奋进。

此次进京赶考，梁章钜未能考中。嘉庆元年（1796年），梁章钜第二次参加会试，仍然“荐而不售”，遂于这一年的年底返回福州，与恩师长女完婚。

嘉庆七年（1802年），梁章钜经过8年奋斗，在参加了5次会试后，终于考中进士，实现了父亲和众多师长的殷切期盼，也实现了妻子“春风弹子近，珂马走天街”的期待。

十分巧合的是，梁章钜这次高中进士，座主是纪昀。出自纪昀之门，不仅成就了梁家一门三代皆为纪昀之门生的一段佳话，而且对于梁章钜来说更是影响深远。梁章钜对纪昀极其敬佩，几乎在他所有的著作中都提及纪昀。

在梁章钜此次参加会试中的几位考官、师长中，除了纪昀之外，朱珪是要特别提及的。朱珪与纪昀一样，不仅与福建有缘，与梁家几代人都有着很深的渊源，对梁家的后辈都提携有加，倾注了许多关爱之情。梁章钜的父亲梁赞图、伯父梁上泰、叔父梁上国都受到了时任福建学政朱珪的教诲，他对这几位兄弟极为欣赏，不仅有师生之名，更有师生之实。朱珪与梁章钜父辈的渊源，还体现在读书社的创立上。当时朱珪倡导成立读书社，或称读书堂，当地儒者多入社，定期集会，切磋诗文。福州的读书社是在朱珪的关切下成立的，并成为清初闽省最为有名的文社，梁章钜的父亲及两位伯叔都是在朱珪推荐下加入的。此外，朱珪对梁章钜的岳父郑光策也极为欣赏，郑光策是在朱珪任福建学政时中的举人，成为其门人，后也在朱珪的力荐下加入读书社。到了梁章钜这一代，两位堂兄梁际昌和梁运昌也都受到朱珪的教诲、赏识和提携。

第二章

山城执教 诗人兴会

自嘉庆七年（1802 年）至嘉庆十八年，梁章钜除了短暂地在京城任仪制司行走之外，大部分时间是在福建浦城的南浦书院讲席上度过的，其间他致力于改变当地的学风与文风。这一时期他还埋首著述，共编撰、著述了 8 部近百卷的著作。这一时期的后半段，他在福州城还开设了“藤花吟馆”诗社。

第一节 执教浦城 著述不断

执教浦城

嘉庆七年（1802年），梁章钜刚高中进士，父亲梁赞图却病逝于福建宁化县学教谕任上。梁章钜闻讯立即南下奔丧。嘉庆十年，梁章钜服阕期满，进京散馆以二等第五名引见，改部主事，签制礼部，入仪制司行走。同年秋天，梁章钜因病请假回籍。这一离京返里，直至嘉庆十九年梁章钜抵京进署销假，梁章钜经历了头尾近九年的家居生活。在这期间，除了两次短时间加入福建巡抚张师诚的幕府之外，自嘉庆十二年起至嘉庆十八年的七年时间里，大部分时间是在福建浦城的南浦书院的讲席上度过的。

嘉庆十二年，梁章钜应其会试廷试时的受知师、浦城人祖之望的邀请，前往浦城执掌南浦书院讲席。祖之望（1755—1814），字载璜，号舫斋，乾隆四十三年（1778年）进士，曾任刑部主事、郎中，山东、陕西、广东等省巡抚，后又任刑部尚书。他在告养归里期间，总裁编辑了《浦城县志》，刊印浦城籍北宋著名诗人杨亿等人文集共十余种，并督修了县城城墙，倡议修建城郊的娑婆桥。

梁章钜来到浦城执掌南浦书院后便与浦城这一座山城结下了不解之缘。

浦城是福建历史上开发最早的县域之一，是一座历史文化积淀浓厚的古城，自古就是物华天宝、精英蕴结之地。由于教育兴盛，历史上人才辈出。浦城历史上涌现出的杰出者就有宋代《文苑英华》的主要编纂者、文学家杨徽之，“西昆体”诗派倡导者、《册府元龟》总纂者杨亿，宋代闽人第一个宰相章得象，王安石变法的主持人章惇，政治家吴充兄弟和徐应龙父子，军事家章楶，军事理论家、中国第一个武博士何去非，艺术家章友直，理学家詹体仁、真德秀，元代诗歌四大家之一的杨载，明代的外交家潘赐，清代的闽派古琴代表祝桐君，清代的第一个闽人尚书祖之望，等等。六朝宋文学家江淹曾宰浦三载，公余漫旅，留下诸多吟咏的诗文。自后文人学士踵接于此，如宋代名流赵抃、柳永、蔡襄、陆游、刘子翚、朱松、朱熹、刘克庄、戴复古、魏了翁、汪藻，明代的章溢、刘基、宋濂、徐霞客、徐渭，清代的李光地、林则徐、陈寿祺、祁隽藻等，都曾游历浦城，或赋诗题咏，或挥笔作文，留下许多优美华章。

梁章钜楹联墨迹

浦城千百年来能够人才蔚起，教育的兴盛是重要的原因，浦城自古即有“名贤区薮”“文献名邦”之称。浦城自汉代设置汉兴县后开始发展文化教育，宋庆历年间即创办县学，宋崇宁五年（1106年）学生就达到了千余人的规模，其后庙学、社学、义学、书院、私塾等各类学校十分兴盛。

南浦书院创建于乾隆（1736—1795）年间，至梁章钜到浦城任讲席时，南浦书院已经经历了44年的发展历程，规模甚为宏大。书院有讲堂、中堂、祠堂、斋舍、文昌楼等建筑，书院前后还有炼丹井、月华亭、时木斋、唤鹤亭、芙蓉池，书院周围树木繁荫，石洞幽邃，远山近水，风景颇佳。梁章钜目睹了南浦书院情景后，不禁感叹南浦书院不弱于福州的鳌峰书院。

南浦书院创建以来，山长、主讲多为饱学之士和深具名望之人。梁章钜执掌南浦书院后，并不满足于书院之中的常规讲学，而是花了很多精力致力于改变学风与文风。南浦书院地处闽北，受传统的朱子学说影响颇深，崇尚理学育人，梁章钜因势利导，在教学内容与教学方法上，提倡“格物致知”，主张探寻事理的精微深奥之所在。他身体力行，教授学生，于经史子集无不涉及，对真德秀等浦城理学家的思想也多有涉及，“讲席以实学，与师生相切劘”。梁章钜还专门针对浦城学子为文存在的多清空而不实、学识不够扎实、阅历尚浅的现象，在讲堂内外竭力倡导多读书、多思考。在梁章钜的引领倡导下，诸生皆深为信服，勉力践行，自此浦城的文风为之一变。

笔耕不辍

在这9年时间中，梁章钜始终没有停下他那支勤奋著述的笔，他编撰完成了《南省公余录》《长乐诗话》《东南峤外诗文钞》《夏小正通释》《南浦诗话》，与陈恭甫分纂《御制全史诗注》，校补《仓颉篇》，选辑《闽文典制钞》等。这些著述可以说是后来梁章钜等身著述的发端与肇始。在早期的这些著作中，《南省公余录》《长乐诗话》《南浦诗话》最有代表性。

《南省公余录》是梁章钜的第一部著述。这部著作所体现出来的特点，在以后梁章钜的著作中都得到了延续与发展。

《南省公余录》共8卷，主要是记述清朝礼部的职掌、典制及轶闻等。卷一专记礼部，记述礼部职掌及地位与太常、鸿胪、光禄各寺之隶分关系，乐部之乐章乐器等；卷二记祭祀、陵墓；卷三记朝贺、舆卫、服饰及婚礼等；卷四记科举制度、学政、考官题名与掌故；卷五记谥典，有关谥法掌故及印制；卷六记军礼、朝贡及册封等；卷七记礼部官员之掌故轶闻；卷八录明以来礼部各司题名记及礼部仪式。

嘉庆十年（1805年），梁章钜曾在京城任朝中礼部仪制司行走半年多，他利用公余时间辑录了有关礼部典制，纂成初稿4卷，在请假回

“南省”是尚书省的别称。唐代尚书省的办事机构设在长安皇城的承天门大街东侧，位于中书、门下二省之南端，所以又别称南省或南宫。隋唐时尚书省下设吏、户、礼、兵、刑、工六部，各置尚书、侍郎。元代并尚书省之职权于中书省，明以后废，清沿明制。但明清的礼部为独立机构，因此也以南省代称礼部。梁章钜因以公余时间辑录、撰写了这部著作，所以自称“公余录”。

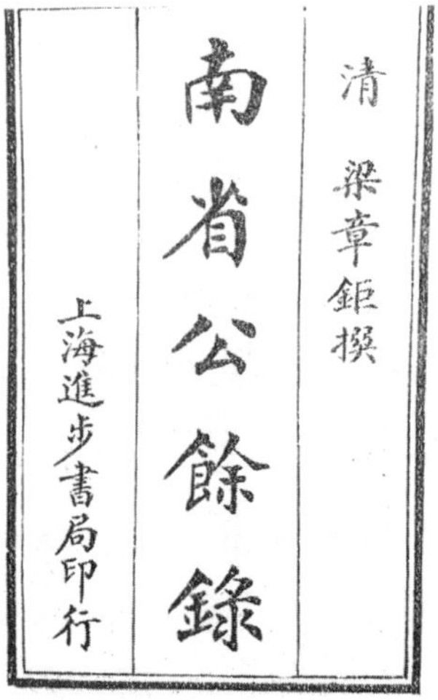
清 梁章鉅撰
南省公餘錄
上海進步書局印行

民国时期版《南省公余录》封面

籍之前，梁章钜将这部新作呈送给自己的上官谢振定审读。谢振定就是大名鼎鼎的“烧车御史”。乾隆六十年（1795年），谢振定迁兵科给事中，巡视东城，见有乘违制车骋于道，执而讯之，则是当时权势熏天的和珅妾弟，此人被执后，非但不服，且出言不逊，谢振定命痛笞之，还当即命人焚烧其车。因这一不惧权势的惊人之举，谢振定被时人称“烧车御史”。谢振定审阅了书稿后，很是欣赏，便欣然提笔给这本书写了序言。

《笔记小说大观提要》对这部书的评价是“章钜曾官祠部（即礼部），此则在官言官，凡有关于春官掌故者，搜罗典实，考证名义，随所事而综其本末，纪所遇而加以论断，渊博精详。论者谓出于渔洋《谥法考》及《春曹仪式》之上，洵非虚语也”。这部著作记述了清前期礼部的典章制度、历史掌故，不仅具有文献资料价值，而且也有利于形象、直观了解当时礼部职掌、典制。《南省公余录》体现出来的细致、严谨、博识等特点，在梁章钜以后的著作中，都得到了一以贯之的延续。

《长乐诗话》是梁章钜编撰众多诗话著作中的第一部。这部诗话编撰于他32岁家居之时，因长乐是梁章钜的原籍，所编第一部诗话自长乐始，似也表明了梁章钜不忘故土、追远之情思。梁章钜一生耽于诗话的编撰著述，自其青年时代起至古稀之年，近半个世纪，孜孜不倦，乐此不疲，他编撰著述的诗话多达14部（种），显现出对诗学热爱之切、钻研之深、著述之丰。从这一点来说，纵观整个清代，也是不多见的。

《长乐诗话》全书共6卷，而在6卷之后，又分“闺秀”和“方外”两门。《长乐诗话》共录福建长乐县63位诗人诗歌创作活动，展现了长乐一县的诗学发展历史。诗话的“卷一”至“卷六”从晚唐之林慎思首记，直至清代之林鼎复、林豫吉、吴文焕等。诗话的“闺秀”部分则自晋朝起；“方外”部分自唐始记，主要是记述梁章钜祖上事。

梁章钜为何要编撰这么一部诗话，其创作初衷何在？梁章钜在书的按语中讲得很清楚，就是要“表微阐幽”，力求还那些诗人一个更形象、更全面的面目，从而使故乡历史上这些有成就的诗人不致因时间的推移而湮没。正是基于这样的目的，梁章钜写作态度极为严谨，搜集资料“甄采尤不厌其详”。

《长乐诗话》的编撰体例，采用了以人为目、因人存诗、以时为序、所记人物之行迹与诗事并行的方式。所谓以人为目、因人存诗，就是围绕着一个诗人，搜集了与之相关的资料，这些资料或是其诗作，或是逸闻趣事等等。这些翔实、客观、生动的资料，不仅能展现出这位诗人诗歌创作的概貌与创作背景，进而描绘出一个个颇具个性、形象鲜明的诗人概貌，还能展现其写作风格，有着很强的可读性。

最值得注意的是，《长乐诗话》是一部区域性诗话，梁章钜一生著述了14部（种）诗话，其中区域性的诗话占了相当一部分，《长乐诗话》是其中的第一部。《长乐诗话》作为一部地方文化的重要文献，形象地勾勒出长乐一县诗学发展的历史进程，这是这部诗话最有价值的地方。

《南浦诗话》是梁章钜编撰的第二部诗话。编撰此书的目的是梁章钜有感于浦城文风凋零，人才不继，《南浦诗话》“不专论诗，故零星掇拾，细大不捐，亦间有美闻轶事，弗忍舍置，及蒙识所及，足以订志乘之误者，虽于诗无取，仍附为按语于后，将以助一方之掌故，非敢矜一己之见闻”。

在这部诗话中，仅以两宋为例，所录诗人就有60人之多，其中就有杨徽之、杨亿、真德秀、叶绍翁、谢翱、黄铢、真山民等。这些诗人在宋代都属于全国性的重要诗人。

《南浦诗话》全书共8卷，第一卷至第七卷从唐五代张令问始至明代的宏济，共选录浦城诗人94人：其中卷一记唐、五代、宋人，卷二、卷三、卷四、卷五以及卷六部分记宋人，卷六记宋之外还记金人，卷七记元、明人之外还附有闺媛、方外二门，卷八则录“宦游”诗事。

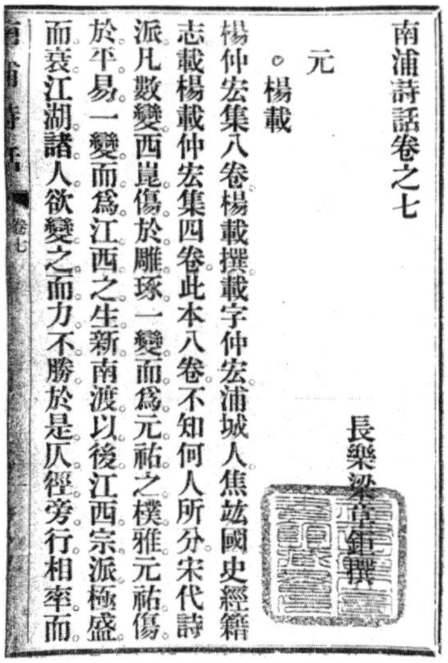
南浦詩話卷之七　長樂梁章鉅撰
元
楊載
楊仲宏集八卷楊載撰載字仲宏浦城人焦竑國史經籍
志載楊載仲宏集四卷此本八卷不知何人所分宋代詩
派凡數變西崑傷於雕琢一變而爲元祐之樸雅元祐傷
於平易一變而爲江西之生新南渡以後江西宗派極盛
而衰江湖諸人欲變之而力不勝於是仄徑旁行相率而
南浦詩話　卷七

《南浦诗话》刻本

《南浦诗话》对地方文化文学来说有着十分重要的意义。这部诗话引证各类典籍，凡与诗人相关的各类资料，梁章钜都尽其所能，悉数搜罗，如其所言是以诗存人、以人存诗、以诗纪事。全书材料采摭相当丰富，且都注明出处，所谓“征引至博”、考证“至详至填”。此外，《南浦诗话》通于方志，以诗存人、以人存诗，从而使得许多地方诗人，特别是一些无名的诗人及其诗歌得以留传至今。

难能可贵的是，在这部诗话中，可以窥见梁章钜早年的诗歌理论见解和审美主张。较为突出的是，梁章钜强调诗歌创作要在有切实内容的基础上，应“情景兼至”，不可偏废。他还主张评价诗歌的优劣当注重作品本身的艺术成就高低，不能以作者官爵名位的高低来评定。他还特别强调，诗歌创作要“各抒新机”，要有新意、要有创意。

第二节 藤花吟馆 诗人兴会

藤花吟馆之乐

在梁章钜夹道坊新宅的东侧，有藤花一架，这架藤花因有些历史年头，显得枝遒叶苍、古香古色，几朵鲜花点缀其间，鲜嫩与苍遒形成鲜明对比，颇能引发诗情和悠思。嘉庆十七年（1812年）秋，梁章钜自浦城回到福州。重阳前两日的九月初七日，梁章钜召集了陈登龙等福州城内的文人、名流12人在这架古藤下联吟，并为这一诗会起名为“藤花吟馆”，陈登龙亲自为诗会以篆书题写匾额。诗社名称富于诗意，而会集里中名流觞咏，不仅充实了梁章钜里居时光的平淡、恬静的生活，也是一件风雅、儒雅之事。

因梁章钜返回福州时间并不长，这个诗社只活动了一年多的时间。但是在这期间，馆主梁章钜时常召集诗友们聚会，吟诗作赋，梁章钜曾言：“自是旬日一聚，迭为宾主，各出新篇，榕城诗事于斯为盛。”

正所谓诗人兴会更无前，吟诵风雅冠榕城。诗社成员对诗社的活动始终怀有极大的兴趣和很深的情感。陈寿祺专门写有一首题为《藤花吟馆歌为茝林作》的诗，形象生动地展现当年藤花吟馆的诗人诗兴勃发的情形，而时为鳌峰书院第二十三届山长的游光绎也深情地赋诗道："我爱藤花馆，主人方妙言。闲居足清兴，佳日会群贤。酒到酣弥健，诗应炼以传。知君澹荣进，不独为林泉。"

藤花吟馆诗社的成员共有12人，林则徐一度也是诗社的座上客，一同吟诗作赋、舞文弄墨，所以林则徐后来有诗回忆道："夹道坊南君徙居，寒藤夭矫学草书"，"飞觞我亦坐花醉，但少奇句酬溪藤。"梁章钜与林则徐的相识，要追溯到他们年少时，梁林两家比邻而居，两人不久又成为同窗好友，梁章钜15岁考秀才，16岁入鳌峰书院，18岁师从山长郑光策，为师门高足，

梁章钜旧居中的藤花吟馆

22岁时被收为弟子婿。林则徐于14岁考上秀才后，也入鳌峰书院，林梁二人同窗共读于郑光策门下。

嘉庆十七年（1812年）底，林则徐结束了在福州家居的生活，携家人自福州洪山码头登舟北上进京，准备入翰林院庶常馆任庶吉士。林则徐临行前，在福州的一群师友“皆以诗宠行”。作为兄长般的老朋友，梁章钜也当场赋了题为《送林少穆庶常则徐携眷入都》的组诗。这首组诗既赞扬了老友的才学，也表达了自己深深的惜别之情。其中第三首中写道：“年来忆踪迹，吾道有穷通。屏麓苔痕润，铃斋烛影红。暂离犹耿耿，送远忽匆匆。从此劳延伫，青冥盼滞鸿。”且在“屏麓”句下自注云：“余旧居在屏山之麓，与君为比邻。”这一组诗共四首，在其余三首中，除了对老友表达衷心的祝福外，还表达了对林则徐才干的由衷钦佩：“当代清华选，通才易冠场……文栋兼时栋，他乡实帝乡。挥鞭增意气，为尔一轩昂。”诗句刻画出梁章钜心目中林则徐那气宇轩昂、才华横溢、抱负非凡的神态。

第三章

京城为官 翁门弟子

嘉庆十九年（1814 年）八月，梁章钜到达京城，开始了长达七年的京官生活。这几年的京官生活，虽然略显得清闲，但在平静之中，他个人的事业也在稳步上升。嘉庆二十年，他拜见了翁方纲，成为其诗弟子者三年；嘉庆二十一年冬，他参加了在京城影响不小的宣南诗社。

第一节 当值军机 勤勉于事

军机章京

过了嘉庆十九年（1814年）的新年，梁章钜从浦城启程北上，一家人冒着大雪越过了仙霞关。夏秋的八月，梁章钜与家人终于抵达京城，然后进署销假，仍在仪制司行走。自此，梁章钜开始了长达七年的京官生活。

嘉庆二十一年（1816年）秋，梁章钜考选军机章京，并以第一卷引见记名，嘉庆二十三年春，经考选任职军机章京，开始当值。

军机章京，为清朝军机处的办事官员，俗称小军机，又称枢曹。军机章京都是各衙门保送的才敏笔捷者，可到了军机处则与当“差”无异，他们在原来的衙门仍有本职，汉章京还可由七品小京官内进士出身者兼充。由于军机处是清代直接秉承皇帝意旨经办重大政务的中枢，军机大臣权势煊赫，朝野闻名。军机大臣下面有一些草拟文稿的军机章京，虽然官不大，只是助理人员，但因其身处政权中枢，接近机要，经手的都是上谕、奏折等国家机要文书，在一般官场中人的眼里，是颇有权势的。军机章京拟的文稿如受到皇帝赏识，拟稿者便声誉蜚腾，破格升官。

梁章钜自嘉庆二十三年（1818年）春正式任职军机章京，到道光二年（1822年）春授荆州知府，整整四年时光。在这并不短暂的四年里，梁章钜秉持两个原则，一是勤勉于事，恪尽职守，二是耐住寂寞和清苦。当时他曾写过一首题为《戊寅四月十三日初直军机处》的诗，在这首诗中，他首先表露了此要职的重要性："国家重枢职，其曹亦菲资。吾闽鲜入选，仅闻两紫薇。"接着，他表露了自己的任职态度与当此中枢要职的处世原则："习勤拙可补，守默迂亦宜"，"芳规缅前哲"，"莫蹈滔渎咎，莫居奥援名。尽职岂易言，扪心慎所营"，以至于被同僚"讽我以恬静，守口先如瓶"。在这几年的时间里，梁章钜还先后在仪制、祠祭、主客、精膳四司兼过行走。

嘉庆二十五年（1820年）秋，梁章钜随侍扈跸嘉庆皇帝木兰秋狝，并且亲历了嘉庆帝猝然去世的变故。由于当时的礼臣随扈并无处理这类突发事务的经验，也无故实可稽，同时还要紧急处理各类奏疏文移，一切都显得仓促和忙乱。在这过程中，整个汉司员（汉人军机章京）中仅梁章钜一人，生性勤勉的梁章钜恪尽职守，精细周详，努力把事情办得尽善尽美。

《枢垣记略》

几年间，梁章钜还充任大清通礼馆纂修，又充任内廷方略馆纂修，还与同仁分校辽、金、元三史地名、人名、官名，梁章钜承担了《金史》全部的校订工作，同时还分纂《西域图志》。

在任军机章京期间，梁章钜撰写了一部关于军机处的著作——《枢垣记略》。

中华书局版《枢垣记略》

军机处在清代的政治生活中所处的位置和所扮演的角色，其重要性不言而喻。但是像这样一个重要的机构，经历和运行了近百年，关于它的缘起、源流、规章制度等，在官修的著述中以及朝廷的规制中却极少涉及。梁章钜的《枢垣记略》一书正好补此之不足、补史载之缺憾。因此，这一著作的问世，就成了清代军机处之专史，由此可见其开拓创制、填补空白之功。

《枢垣记略》一书作为系统介绍军机处的专史著作，全面汇载了有关军机处的资料，是研究这一机构乃至清代政治、经济、社会的不可多得的重要史料。

《枢垣记略》一书的创作缘起，一是梁章钜素喜著述，每到一处，每临一事，总要提笔描刻一番。二是梁章钜在军机处任军机章京前后长达五年，亲身感受其运作规则与程序，同时能够接触大量的第一手资料，客观上为其创作提供了条件。

这本著作的成书过程也是颇为不易，梁章钜在其自序中曾描述道，此书编撰，前后经历了五年，是他利用“宿值”等无事之时，抓紧时间“手不停披”，甚至“彻夜为之”而写成的。可谓耗费了大量的时间与精力，连梁章钜自己也认为是“用力之勤”，才“稍存梗概”的。

为《枢垣记略》作序的朱士彦，与梁章钜是同科进士，后历任工、吏、兵诸部尚书。他对梁章钜勇于开拓、敏于著述的精神极为赞赏。序言先是指出此书在编撰上的特点，一是“义例详明，捃拾周备”；二是充分肯定了梁章钜这部著作的开拓之功，是“辟前修所未开之境”，并特别指出该书为满汉大臣与满汉章京各辟一卷题名的体例与写法，更是“前无所承而创为之”的创举；三是指出此书的意义重大，“成内直所必需之书，厘然为掌故所存，隐然为法戒所系”；四是介绍了梁章钜为此书的钩稽成籍所付出的艰辛劳动。朱士彦在序中还点明了梁章钜编撰此书的一个思想是“以人重官，而迥异于以官重人者也”，这也从一个侧面说明了梁章钜实事求是、忠于史实的思想。

《枢垣记略》一书共七门十六卷，取材下限以道光二年（1822年）为断。梁章钜在全书的体例编排上下了一番功夫，充分体现了著述思路的清晰与缜密。他把所有的资料分为“训谕”“除授”“恩叙”“规制”“题名”“诗文”“杂记”七大类，每类又按年月日的顺序进行排列，查阅简便明了，书中的许多条目均加有按语，与正文相辅相成。

作为一部具有开拓性意义、耗费了梁章钜数年时间和精力的著作，《枢垣记略》一书所具有的作用与鲜明特点主要体现在：

全书的内容丰富而翔实。全书详细记录了雍正、乾隆、嘉庆和道光四朝与军机处有关的活动，如皇帝谕旨、官员奏折、规章制度、官员简介、名人诗文杂记等历史资料等，所引用和记载者均主题突出、详细完整。

全书真实可信、论据充分。梁章钜在编撰《枢垣记略》过程中，能够直接接触、参阅大量原始的历史资料，使得全书具有高度的真实性和可信度，相关资料有机结合，相互补充，从而使得论述更加系统全面，形成了一个较为完整的体系。

全书类别明确，条理清晰，写作方法独特。梁章钜在编撰过程中，匠心独运，编排有序、条目清楚、类别明确。全书不按时间顺序来编排，而是突出各项分类，以材料的性质为依据，在分列训谕、除授等各项的前提下，再进行具体描述介绍，让人一目了然，也便于检索。

第二节　翁门弟子　广交师友

由于身处京城，梁章钜与陶澍、林则徐、翁方纲、朱珔等一批政坛、文坛上的风云人物往来频繁。嘉庆九年（1804年），梁章钜参加了当时在京城影响很大的宣南诗社。宣南诗社活动的内容在事实上并不仅仅为消寒、赏菊，他们还探讨体用之学，这对梁章钜无论是学识上，还是在经世致用思想上都有着极大的帮助。

拜师翁方纲

在京城期间，梁章钜除了忙于公务之外，一件重要的事就是拜谒翁方纲，成为翁门弟子。这是梁章钜思想与学术生涯中的一个重要事件。

翁方纲（1733—1818），字正三，号覃溪，晚年因得到苏轼书《天际乌云帖》，因此又号苏斋。乾隆十七年（1752年）进士，殿试改庶吉士，时年二十。曾主持江西、湖北、江南、顺天乡试，又曾督广东、江西、山东学政，官至内阁学士，迁鸿胪寺卿。翁方纲精于经、史、文、金石谱录等，其书法也冠绝一时。所作诗文，自诸经注疏，以及史传、考订、金石、文字，皆贯彻于诗文中。后人称他能"以学为诗"，是清代"肌理说"诗论的倡始人，且影响极大。其主要著作有《石洲诗话》《复初斋文集》《复初斋诗集》等。

梁章钜初次谒见翁方纲时，梁章钜41岁，翁方纲已经83岁了。翁方纲与梁家也是有着两代的情谊。梁章钜在其《师友集》中这样评述："师为海内龙门，先叔父太常公曾执业焉，故余初以小门生礼谒见，逾数月即命改为著录弟子。"翁方纲在清代中后期文坛的地位与声望是极其崇高的，梁章钜说的"师为海内龙门"并非奉承之语，当然，这也是梁章钜为能成为翁方纲的学生而自豪的原因。翁方纲对梁章钜在诗学思想上的影响是极大的，梁章钜自己认为，其投于翁方纲门下，聆听翁方纲教诲，感受其诗学思想，大大开拓了自己的视野，实为其前半生所未闻。

梁章钜自41岁拜谒翁方纲，成为其入室弟子，直至嘉庆二十三年（1818年）翁方纲去世，在这三年中，梁章钜在文艺、金石学、书法方面受益极大。

广交师友

在京城期间，与梁章钜时常诗酒唱和的各类朋友有林则徐、翁方纲、杨蓉峰、叶芷汀、玉圃、廖鸿藻、廖鸿荃、王兰谷、李彦章、倪蠡蓬、锡湛、王驹、刘梅冶、李宗昉、程玉衡、胡元熙、查淳、陈用光、鲁垂绅、戈宝树、林轩开、陶澍、朱珔、胡承珙、刘嗣绾、董国华、黄安涛等。这些人有的在京城政治生活中位居要冲，有的也是不久后即将崛起的显赫人物，同时也是文坛上的风云人物，有的甚至在全国都有极大的影响和名气。

梁章钜在京城期间往来的诗友中，除了翁方纲之外，还有一个重要人物就是陶澍。

陶澍（1779—1839），字子霖，号云汀，湖南安化小淹乡人。他出身塾师之家，从小勤奋好学。嘉庆七年（1802年）进士，任翰林院编修，后升御史。曾先后任山西、四川、福建、安徽等省布政使和巡抚，官至两江总督加太子少保，道光皇帝曾亲书“印心石屋”匾赐之。陶澍为官期间，在除恶安民、抗灾救灾、兴修水利、整顿财政、治理漕运、倡办海运、革新盐政、整治治安、兴办教育、培养人才上作出了显著政绩。其用人能尽其所长，平生举拔大批人才，如魏源、林则徐、包世臣、贺长龄兄弟、陈鉴、左宗棠、梁章钜、龚自珍等均经其举荐和提拔，后皆成为一代名宦和学者。陶澍不仅曾为梁章钜的上司，也是好友、诗友，且兴趣爱好颇为相似，梁章钜还是陶澍首倡成立的宣南诗社的早期成员之一。梁章钜对陶澍极为尊重，在其所著的《师友集》中记载陶澍事迹时，尊称其为“师”，这不仅是因为陶澍对其有提携之恩，更为重要的是陶澍的政绩、人品风范、文章等方面对梁章钜有很大的感染力和示范作用。

宣南诗社

三月上旬的巳日到水边嬉戏、洗濯以拔除不祥的“修禊”，经历千百年的演变，逐渐发展成为文人士子雅集的一种形式。除春禊之外，还有秋禊、饯春、消夏、祭祀先贤等不同的雅集形式与内容。到清代，修禊的内容与形式因时局的变化，还融进了品评时政、讨论学术、交流传播经世理念等内容。宣南诗社就是清代嘉道时期影响很大的一个以文人雅集为主要形式的文艺团体。

嘉庆九年（1804年）冬，时为翰林院庶吉士的陶澍与朱珔、吴椿、顾莼、夏修恕、洪介亭等 7 人组建了“消寒诗社”，其成员都是嘉庆七年的同年进士，当时都在翰林院供职。次年因陶澍回乡丁忧守制等原因，诗社的活动几乎停止。嘉庆十四年，陶澍回京，诗社活动又趋活跃。嘉庆十九年，陶澍与翰林院编修董国华重振诗社，参加者有陶澍、朱珔、胡承珙、钱仪吉、谢阶树、陈用光、周蔼联、黄安涛、吴嵩梁、李彦章、梁章钜、刘嗣绾、周之琦等。其中有些人是经学家，因此除作诗以外，也讨论经

学。同年十二月至次年四月，林则徐恰在京城，也参加了宣南诗社。道光元年（1821年），潘曾沂应邀加入诗社，仿洛阳九老会，有九人为代表，这九人是吴嵩梁、陈用光、朱珔、梁章钜、谢阶树、钱仪吉、董国华、程恩泽。后潘曾沂请王学浩绘《宣南诗社图卷》。此后，诗社活动渐趋停顿。

随着来自东南各省的京官和知识分子的加入，诗社的规模扩大，活动内容也更加丰富，又因诗社成员多聚居于京师宣武门之宣武坊南，此时遂有“宣南诗社”之称。嘉庆十九年（1814年）至道光四年（1824年）是宣南诗社活动最为活跃的时期。

宣南诗社的活动，主要是继承了修禊、赋诗唱酬、纪念祭祀先贤等传统的形式。但在实际的活动中，还蕴含着清初以来逐渐积淀的“宣南文化”浸染在诗社成员内心而形成的思想与学术自觉。同时参与诗社的成员都是当时朝廷的中下层官员和知识分子，他们思想并未完全固化和迂腐，由于职务、知识、年龄等原因，他们在聚会活动时，很自然地会掺杂着对时政、国计民生的关注，进而探寻古今治道之理，研讨经世致用之学。后来这批中青年才俊中的许多人或成为国家的栋梁之材、经世名臣，治理一方；或成为近代的思想家；或成为卓然有成的学问家。如陶澍、林则徐、贺长龄、朱为弼、潘锡恩、周之琦、朱士彦、陈用光、程恩泽、魏源、龚自珍、包世臣、洪介亭、谢阶树、钱仪吉、黄爵滋、汤鹏、吴嵩梁、翁元圻、周蔼联、陈奂、徐松、张际亮等。这些才俊聚集在一起，不仅仅是赋诗唱酬，“徒曰艺而已”，势必对体用之学进行研究，对“道”进行关注，必然也会成为宣南诗社活动内容的题中应有之义。

梁章钜自42岁加入宣南诗社，至道光二年（1822年）48岁授湖北荆州府知府，这头尾7年时间，正是宣南诗社活动最为活跃的时期。纵观梁章钜一生，他所参加宣南诗社活动的这些年，是他一生中最为愉快和惬意的时期，也是他思想成熟与定型的时期，对他后来的政绩和文学创作、学术研究有着重大的影响。

第四章

执掌藩郡 展现仁心

从无在地方为官经历的梁章钜，首任荆州府知府之职便“先以诗歌代为文告劝谕之，又为亲莅水滨，议清界址，两境士民悉服，其患遂平”，处理了民间纠纷。此后的任职中，他始终对民生经济问题给予极大关注，尤其是在治水方面做了大量工作，如修治泖湖、挑浚吴淞江、修复练湖牌坝、整治孟渎三河。此外，他对教育也极为重视，修葺了苏州著名的正谊书院。

第一节 治水疏浚 施展抱负

荆州自古闻名，为古九州之一，明清置府，因其战略位置极其重要，历来为兵家必争之地。荆州人杰地灵，自古就有文化之邦、鱼米之乡的美誉。道光二年（1822年），梁章钜以“才具练达，克称厥职”“办事老练，堪胜外任”的考语，以繁缺道府用。三月，梁章钜被正式授予湖北荆州府知府，是年梁章钜48岁。

荆州施政

梁章钜离开京城前往荆州赴任时，礼部侍郎陈用光以祭酒的身份代表宣南诗社的朋友，写了一篇题为《送茝林出守荆州》的赠别序文，充分肯定了梁章钜是因具备了“积才望”“更事多”“才智生”“忠荩笃”等条件，才得以就任荆州这个重要地方的职务的。面对京中诸多同僚、好友、诗友的送别，梁章钜感动不已，他深情地写下了一首题为《壬午闰三月出守荆州别京中诸同好》的诗作，表露了他惜别时刻的复杂心态。他对七年京城生活是怀着深深眷念的：“晓梦萦枢院，春华惜锦窠。”回顾这七年，聊以自慰的是，梁章钜感到自己并没有虚度时光：“独余精白志，耿耿未蹉跎。”面对未来，人虽未到荆州，但当地的情况并不乐观："但闻民瘼急，何以告无愆。"诗歌中，他对其前往任职和所担负的职责也流露出一丝隐隐的忧虑。

经过一个月的长途跋涉，梁章钜终于在六月抵达荆州，履职新任。然而刚上任不久，即遇到一件棘手的事。原来，荆州所属的监利与沔阳两地民众此前因争夺水源而相互仇杀，眼看要酿成一大民患，而当地官吏却束手无策，久久无法弥平事态，而且当地有名望的乡绅士民也匿而不出，情况十分危急。无奈之下，上峰便急命梁章钜前往查办处置。

自梁章钜进士及第后，要么执教于山城，要么耽于风雅，吟诗作赋，埋首著述，要么久居朝中，从无在地方为官的经历，更无处理如此棘手的民间纠纷的经验，这是对梁章钜的一大考验。但是颇让人意外的是，第一次面对如此纷乱而危急的情况，梁章钜没有慌乱，不仅显得章法有度，而且处置的方式很是特别，完全有别于以往其他官吏："先以诗歌代为文告劝谕之，又为亲莅水滨，议清界址，两境士民悉服，其患遂平。"梁章钜自己简单的三言两语的记述，实际上是蕴含着丰富的内涵的。

这一事件的奇特的处置方式和出人意料的结果，梁章钜后来在自己的年谱中有记载，多年后林则徐在为梁章钜所撰的墓志铭中也专门提及，可见这种处理方式与结果的确颇为奇特。

梁章钜在《退庵随笔》中的一段话，可算是对这一事件处理方式的很好注释："仁言不如仁心仁闻，夫人而知之，然当官而不事条教号令，其势亦有所不行。凡告谕之文必先设身处地而出之，缠绵恺恻，然后足以动人，今人于此等文字不论理，而论势，非曰言出法随，即曰决不宽恕，满纸张皇，全无真意，官以

挂示为了事，而民亦遂视为贴壁之空文矣。”所谓以诗言志，出自真心的语言，有真心真意公平解决问题的意愿，是会让人感动的。此外，还有一细节也可看出梁章钜从政为官的初衷，“政唯求与民便，事皆可与人言”是梁章钜在任荆州府时自题并署于府厅之上的，实亦是其为官为人的自画像。

治水疏浚

道光六年（1826年），梁章钜擢江苏布政使。

由于江苏地理位置的重要性，梁章钜感到其职守的沉重。在《擢任苏藩纪事留别四律》第一首和第三首中，他由衷地表述自己当时在接到擢拔任用旨意时的心境：

其一

岁会忙中乍量移，浃旬恩更晋华资。
盟心早饮西江水，报政容宽北阙期。
官到瓜时转兼任，地从桑宿换新规。
但言明弼先滋愧，况复旬宣重职思。

其三

侧闻江北集鸿喧，未了三冬水气昏。
卧理敢希韦应物，绘图正待郑监门。
东南财赋须防匮，淞浏机宜要细论。
学古未深更事浅，顾名何以称藩垣。

这两首诗表露出他对治地还存在问题的担忧，希望自己能如中唐时期著名的诗人、曾任苏州刺史的韦应物一样清正廉洁、造福于民；也能像宋代时的福建福清人、以绘流民图上疏的郑侠那样敢于为民请命。梁章钜清醒地认识到东南财赋关乎天下安稳，必须坚决保证，而吴淞江和泖湖的水利治理更要细致研究，以保有效。

治水是明清时期一个重要的朝政与民生问题，在嘉道期间，水患频仍，造成无数民间疾苦，朝廷也深感棘手。梁章钜在任地方官期间，极为重视水利，亲自主持多项水利治理工程，以求能够造福于民。他深知劝捐放赈只能救灾于一时，只有兴修水利才是利国利民的长治久安之道，“思东南财赋綦重，水利不可不修”。

道光七年（1827年），53岁的梁章钜甫抵江苏，即督同太守修治泖湖，仅一个月而事竣，梁章钜办事的效率由此可见一斑。

泖湖治理工程告竣后，梁章钜旋即又奏请筹款挑浚吴淞江。吴淞江之水患，由来已久。此番治理，在前任淞江守李景峄任上已经进行过半了，但因各级官吏意见不一，致工程半途而废，待梁章钜莅江苏布政使，立即着手继续此项工程，并奏请筹款挑浚，入冬即兴工，次年夏即完工。梁章钜在整个工程的实施过程中，亲往施工现场，仔细筹划，往来督查指导。他在《吴淞江拦潮大坝工次和陈芝楣韵》一诗中这样写道：

长才君自砥狂澜，行水吾真愧素餐。
邪许声中有诗料，搴揵队里几儒冠。
欣看息浪如心定，深感灵风应愿难。
但祝冬晴长似此，免听黔皙诅河干。

竣工之日，梁章钜极为欣喜，与时任江苏巡抚的陶澍来到工程现场，陶澍还亲自为之放水。两位饱读诗书的官员，自不可无诗以抒发其情感，在陶澍当场赋诗后，梁章钜当即和了一首题为《吴淞江工竣放水和云汀中丞韵》的诗。

梁章钜在其《淞江道中》一诗中第一段是这样描写他治理吴淞江的初衷的：

吴淞半江水，利害关全吴。委折百十里，屡浚而屡淤。
源头因不畅，病尤在尾闾。下傥足容纳，上何难瀹疏。
坐视不经理，浩淼成泥涂。举者非其人，不举复奚殊。
惜哉戊寅役，空费金钱轮。遂成癸未灾，莫绘监门图。
我忝藩牧任，所愿民困苏。忙中来挂帆，真不为鲈鱼。

在这首诗里，梁章钜先是介绍了吴淞江治理的好坏，关系到全吴的大局，进而分析了造成河道淤积的原因，同时感叹以往治理不当，遂造成后来的灾患，且枉费了许多银两。最后几句真实透露出梁章钜的内心思想，那就是不能让当年宋朝时郑侠《流民图》所绘的灾民流离失所的情景发生。而自己之任藩牧，最大的职责在于解救民困，淞江的鲈鱼虽然好吃，归隐纵情山水的生活固然令人向往，但面对治下的水患和灾民，梁章钜还真不忍心只顾自己的风雅了。

道光十一年（1831年），他又接着筹划修复练湖牌坝。练湖位于丹阳城北，这个湖形成于西晋，湖水以西、北两个方向的山溪为源，起初是用于防洪和灌溉，唐代以后，分为上下二湖，有中埂相隔。当时，练湖还有向江南运河进行水量补给的功能。南宋后，湖的规模依旧宏阔，环湖围堤有四十里。但元明以后，因淤积和围垦，逐渐堙塞成田。

梁章钜修复了练湖的牌坝，终使船运与灌溉的功能得以恢复。梁章钜在其《练湖杂诗》组诗中对修复练湖工程有颇为详细的记述。这一组诗由四首诗组成，内容涵盖练湖的历史与形成、练湖的功能、此次修筑堤闸所遇到的纠纷，以及修筑过程的艰辛和修成后的欣喜。“练塘即练湖，上下分何年。原湿徒便私，沧海成桑田。”诗歌介绍了练湖的济运与灌溉的功能：“渊注成奥区，膏腴浃萌生。漕行亦攸赖，东吴来稻秔。”诗歌用了大量的篇幅介绍练湖当时的现状、修复堤闸的艰辛以及修复后的欣喜：“上湖稻如云，斗门成弃捐。下湖存亦仅，砥柱须名贤。”此次修筑堤闸，遇到不同意见，梁章钜在诗中言：“筑堤事渐纷，关注法必争。”他还在诗中自注道：“夏间建闸之役，谤诅纷来，唯云汀中丞、雨楼太守与余同心合力，始不至半途而废。”诗中也描述了当时农民生活的现状和因湖坝不修所引发的苦况：“病农既罔恤，病漕尤漠然。”其中第三首介绍了自己此番修筑堤坝的艰苦情形：“客冬始相度，寒威刮人面。冲泥踏沟塍，冒雪认水线。今夏来鸠工，身与酷暑战。兼旬坐篷窗，力为鼛鼓劝。内闸导使渍，外闸束其洊。不缘石畚戢，焉得波潋滟。横波唱无渡，观河色易变。丹青多流言，黔皙能无眩。吹毛到邻村，努目逮侩贩。几成道室筑，虚掷水衡羡。幸资断金同，直挽强弓寸。修废非创举，任劳肯避怨。”当此番工程竣工后，梁章钜的心情无比舒畅，欣喜之情溢于言表：“篙声急雨集，帆影排云过。济漕果有凭，聊堪谢谯诃。千年利源复，善后休蹉跎。慎勿爱惜费，吾言非烦寄。”通过这四首组诗，梁章钜勤政奋勉、体恤民情的形象也跃然纸上。

在江苏的几年时间里，梁章钜始终把目光和精力放在整治水利上。整治孟渎三河，也是其一项重要的工程。所谓孟渎三河，即武进孟渎、得胜、澡港三河。此三河皆南通运河，北达大江，有沟通南北的作用。若遇旱年，则可以引江潮以济运和灌田，并可以直达无锡、金匮、宜兴、荆溪各县，以资接济。如遇水涝，即可宣导洪水入江，不致壅溢为患。因此，这三条河道，实为重要的水利要道。但明清以来，由于失修致水道淤塞不通，农田受困。梁章钜曾亲陪当时的两江总督陶澍前往现场查勘，而后筹款准备进行疏浚。事实上，做事踏实的梁章钜早在上一年初，即已经亲来勘查河道，当时他冒着大雨，踏着泥泞小路，策马而行，细加勘查。梁章钜在他的诗作《勘视孟渎河道中率成》一诗中，对此事记述甚详。

事实上孟渎河自唐时即开始疏浚，以后历朝历代工程不断，并成为漕运之捷径。梁章钜于修复练湖牌坝后，即着手孟渎三河的疏浚工程，然而部臣“以筹给西陲军饷，奏令各直省停止工作，佥谓此役亦宜从缓”为由予以拒绝。梁章钜据理力争：“余因民望孔殷恳切，敷陈入告，感蒙报可。”经过梁章钜的不懈争取，最终朝廷同意了这一工程。整个工程虽然艰难，但成效明显，上下赞赏有加，特别是饱受水患之苦的民众对梁章钜更是感激不已。梁章钜在《勘视孟渎河道中率成》这首诗的自注中记载道：“是役民情欢跃，值余按部入孟河城，夹路皆焚香相迓。”与此同时，澡港、得胜两河也开工疏浚，工程直接造福沿河两岸。

有意思的是，自抵荆州任上后，酷爱诗歌写作的梁章钜，其诗歌内容发生了明显变化，风雅的内容、书卷的气息大为减少，所吟咏的内容几乎都是贴近现实生活和自己所见所闻所思，与现实的距离更加接近，涉及民生的内容更是随处可见，其中关心民瘼、心忧黎民的题材更是让人感佩。梁章钜到了荆州以后，恰遇监利突发水灾，他心忧如焚，《自鸡鸣埠至周老嘴一路舟行》一诗形象地表露了他忧民的思想与情怀。

一至再至樱桃水，大波小波到周嘴。
万顷膏腴沦水里，背秋徂冬尚渺弥。
我来一棹四十里，庚癸之声未绝耳。
滔滔江汉不能止，宣防责无可旁诿。
弯弯堤形月痕拟，万八千金费非侈。
吁嗟民力那堪此，为民请命岂得已。
……

时逢初冬，水灾泛滥，万顷农田为汹涌无情的洪水所淹，农人断炊绝粮，情形十分紧急，梁章钜心急如焚，诗歌不仅直面这一惨状，更是表现了他义不容辞"为民请命"的职责所在，也形象地表现了他不畏险阻，不顾汹涌洪水，急驰四十里水路，奔赴灾区赈灾的急迫情形。

也是写于这一时期的一首七律《立春日喜雪》：

昨日行春趁午晴，今朝四望匝祥霙。
不妨老屋连间漏，已卜新畴上尺生。
人说岁华堪纪丽，我惭心迹可同清。
迎年饯腊寻常事，最喜绥丰兆渐成。

面对大地回春，新畴绿苗，生机勃勃，梁章钜喜上眉梢。在他看来，迎新辞旧并不是最令人高兴的事，最喜的是看到丰年的希望。诗歌第二联所言的“不妨老屋连间漏，已卜新畴上尺生”，则颇有杜甫“安得广厦千万间，大庇天下寒士俱欢颜”的味道了，由此亦可见梁章钜的民生情怀了。

在题为《苦雨》的两首五律中，梁章钜叙写了水灾对当地的严重影响和暮春时节水灾过后的情形，以及自己对农事的忧虑之情。

其一

旧雨入新岁，依依春又残。
重阴常过午，积水易生寒。
未暇愁花劫，深防谀黍单。
贫家多似我，何以慰幽叹。

其二

已分非丰瑞，谁能补漏天。
冥冥千派水，黮黮万家烟。
输挽飞符急，清思虑狱专。
畺臣有长计，闭户且恬然。

因水灾而苦雨，也因久旱而喜雨，《六月二十九日喜雨二律》就是这种心情的直观而形象的写照：

骄阳又作浃旬晴，顷刻长空海水倾。
退暑快如除酷吏，悫农刚好洗愁肠。
不妨老屋频频漏，悬拟新畦决决盈。
我与齐民同起舞，篝车拭耳普欢声。

这首诗以久旱喜雨为切入点，体现了梁章钜关注农事、心忧民生的作风。其中“不妨老屋频频漏”一句，与初到荆州时所写的《立春日喜雪》中的“不妨老屋连间漏，已卜新畴上尺生”情感和思想是一脉相承的。

第二节　修葺书院　沧浪濯缨

道光四年（1824年）九月，梁章钜调署江苏按察使（此任仅三月），移驻苏州沧浪亭行馆。道光六年，梁章钜由山东按察使擢江苏布政使，于次年抵江苏任。

修葺正谊书院

梁章钜历来对教育极为重视，这与其出身耕读世家不无关系，与其在南浦书院执教多年也有直接的关联。这种重教兴学的情怀并没有因其职位的变更而有所改变。早在梁章钜任荆州守期间，他目睹当地文化不振、教育颓靡，内心极为忧虑。他曾有一首《监利道中》诗作，很能说明问题：

旬日华容道，深惭来农歌。
新棉如谷贵，废垸比田多。
巾卷烦延伫，国经未网罗。
相逢贤令尹，焉敢督催科。

梁章钜在“巾卷烦延伫，国经未网罗”两句后特加注道：“邑中书院久不整，志书亦百余年未修。”梁章钜不仅关注到“新棉”、稻谷价格、堤坑的废弃，同样也关注书院不振、志书不修的现象。

来到苏州，他热衷教育的情怀依旧不改。在苏州府学东之沧浪亭北，有一正谊书院。《苏州府志》中有“正谊书院在府学东沧浪亭后，嘉庆十年两江总督铁保、江苏巡抚汪志伊建”的记载。当时建造这一书院的目的，铁保在其《正谊书院记》里明言，是“虑士风之不古”，因此要“培养士气，正人心”，故取书院之名为“正谊”，他认为：“谊者义也，官正其谊则治；士正其谊，则志在立身。”这是他们建立书院的初衷。

正谊书院

梁章钜此番再莅苏州时，书院虽经过20多年的发展，状况并不理想，寝室逼仄，整体格局也不够宽敞。梁章钜见此情形，觉得书院当前虽然格局尚在，但条件已不足以使其维系正常运转，不足以让学子们安心求学，也难确保建院初衷的实现。于是他立即拨款修缮了书院旁的可园，把可园作为书院整体的一部分。同时增建了挹清堂、濯缨处、从春舻等多处景致，让在此读书学习的学子们能够静心修学，真正达到以正其谊、修志立身的目的，这也就是梁章钜自己所说的"葺可园以恢讲舍"的目的之所在。

对梁章钜如此重视教育的盛举，执掌正谊书院教席的朱珔撰文《可园记》，开首即言："余于丁亥春主吴中正谊讲席，初至，见檐宇规制俱备，独寝室隘甚，西偏有园颇敞且近，供使节燕集之需，渐攲损。同年，梁茝林方伯莅任，乃稽故牍，仍还之书院，并加缮葺，自为记。窃以弦诵之地，为优戏之场不可也；师弟子所周旋，为宾从仆隶所践蹂不可也。方伯此举，诚知大体哉。"对梁章钜"知大体"的行为予以记载和高度褒扬。

朱珔是清代著名学者，也是梁章钜的好友，与梁章钜同为嘉庆七年（1802年）进士，参与组建宣南诗社，官至赞善，迁侍讲，前后主讲过钟山、正谊、紫阳书院25年。作为书院的主讲，还有什么能够比对逐渐"攲损"的书院进行"缮葺"，并将"故牍"收稽后"还之书院"更让他感动的呢？梁章钜此举，不唯是对故友的帮助，更是体现自己对一方教育的重视与支持，真正是把重教兴学落在实处。道光十二年（1832年），林则徐任江苏巡抚。公务之暇常到书院给诸生讲学，"讲求文艺，鉴别人伦"，还时常命题考课，甄别诸生学业。

重修沧浪亭

4年前，也就是道光四年（1824年）的九月，梁章钜曾任江苏按察使，虽然不足3个月，但他所寓居的地方恰好在著名的沧浪亭旁。道光六年，梁章钜任江苏布政使，政务之余，他多次游历沧浪亭。梁章钜对沧浪亭的来历知根知底，对“沧浪之水清兮，可以濯我缨；沧浪之水浊兮，可以濯我足”的意境，更是心向往之，他对沧浪亭历代主人极为仰慕。此次莅苏，目睹亭台倾颓，在感慨之余，更动起了修复之念。

沧浪亭其始传为五代时吴越国广陵王钱元璙近戚中吴军节度使孙承佑的池馆，后北宋著名诗人苏舜钦以四万贯钱买下废园，进行修筑，傍水造亭，题名“沧浪亭”，自号沧浪翁，并作《沧浪亭记》，欧阳修应邀作《沧浪亭》长诗，诗中以“清风明月本无价，可惜只卖四万钱”题咏此事。自此，“沧浪亭”名声大振。苏氏之后，沧浪亭几度荒废，南宋初年一度为抗金名将韩世忠的宅第，清康熙三十五年（1696年），巡抚宋荦重建此园，把傍水亭子移建于山之巅，形成今天沧浪亭的布局基础，并以文徵明隶书“沧浪亭”为匾额。

梁章钜在其《重修沧浪亭记》中，对于自己修复沧浪亭的过程与动机讲得十分清楚：“予初由淮海道任，两权苏臬，过沧浪亭下，惜其倾颓，思复焉。皆以瓜代去未果。丁亥春，藩牧是邦，簿书稍暇，谋诸大中丞安化陶公，暨郡守江夏陈君，邹平李君等，佥曰可。遂庀材鸠工，扶仆易朽，凡六阅月，顿还旧观……”

至于此次重修沧浪亭的动机，“则一亭之修，而异日民情因之可见，其何敢不勋焉。顾予营是役，不特侈观美，耽燕游所弗愿也，即好古自命，振厉风雅，与商丘辉映后先，尚无与于敷政庇民之要，窃谓守土吏唯举坠补阙戒因循耳。前既葺可园以恢讲舍，修名宦祠以崇祀典，近复有疏浚吴淞之役，而亭适落成，盖斯亭为纯庙宸跸所经，天章颁宠，照耀川谷，倘失时不治，久益荒废，将何以宣上德，况伏睹圣制，濯缨托意，而淳饬于大法小廉，勉实副名，是尤予小臣循环庄诵，夙夜求所以报称而无负者矣”。梁章钜是把修亭当作“好古自命，振厉风雅”的大事来做，并与之前自己所首倡的“葺可园以恢讲舍”、“修名宦祠以崇祀典”、疏浚吴淞江以利民生等几件事情等同看待。

苏州沧浪亭

沧浪亭修复后，对其增饰是必需的一道程序，而在亭柱上张挂楹联，则是修复后增饰的应有之举。当时人们送来了许多对联，但梁章钜都不太满意，后来还是他自己从欧阳修的《沧浪亭》诗中选得一句“清风明月本无价”，又从苏舜卿《过苏州》诗中选出一句“近水远山皆有情”，组成一联。这是一副集句联，两句相联的组合有如天成，对仗极为工整，如出一人之手，从内容上看，上下两句从清风、明月、近水、远山概括了沧浪亭内外的典型景致和特点，同时也展现了梁章钜的超凡脱俗的襟怀。选定了楹联后，书法造诣极高的梁章钜自己书写了多次，都感到不满意，只得作罢。此事一直到清末，才由著名学者、书法家俞樾书写后镌于柱上，流传至今。

沧浪亭重修后，梁章钜特别喜欢这个景致怡人的地方，再加上沧浪亭厚重的历史文化积淀，梁章钜常常流连忘返，并于春秋佳日邀请同僚朋友于此诗酒唱和。如朱琦、卓秉恬、陶澍、文祥、潘梧亭、李景峄、王有庆、王锡蒲、何士祁、李国瑞、吴廷琛、程竹广等人多次应邀来沧浪亭宴饮集唱和，留下许多诗作。

第三节　千里涛陆　奋力救灾

奋力救灾

道光十一年（1831年）夏秋，江南连降暴雨，江水涌涨，河湖泛滥，运河也决了口，冲毁田舍无数，水患所及给百姓造成了惨重的损失，其中尤以苏、皖两省最甚。此次灾患，所波及的范围之广，延续时间之长，以及受灾人口之众都是前所未有的。此时的清王朝吏治腐败，各类社会问题堆积如山，面对灾荒，官府按照惯例进行救济，然成效不显。当时，两江总督陶澍、江苏巡抚程祖洛、安徽巡抚邓廷桢、江宁布政使林则徐等，皆为一时之干才，都参与了本辖区的赈灾。

而此时任江苏布政使的梁章钜更是责无旁贷，积极应对。水灾暴发时，无家可归的受灾流民蔽江而来，每日有万余的灾民沿江聚集苏南。面对此景，按常规的救灾办法，已经无法应付这个局面。梁章钜采取了几个办法，以应付眼前的紧急情况，一是率先捐款，同时率僚属捐廉，出示募捐；二是给船资送；三是设厂留养。这三项措施付诸实施，取得了很好的成效，缓解了灾情。

关于这次大水灾，梁章钜在其所著的《退庵随笔》中记载甚详：

按，救荒事极繁重，而其纲领不过此数端，求可以一言蔽之者，则尽心二字而已。忆道光辛卯秋，余藩吴中，值江淮大水，流民蔽江而来者，日以万计，吴民惶惶。余与守令等尽心筹画，出示募捐，一面给船资送，一面设厂留养，亲与城内外巨绅富户约，不必踵立局劝捐故套，亦不必设专管款项之人。唯在富而好礼者，各量力而行，称心而出，或独任一厂，或分襄一事，或继众捐所不及，或补官办所未周，弹压仍归有司，出纳自为经理，认办之事既定，即榜示灾民口数，并大标捐助

> 姓名，使受者知食所自来，施者知钱所自往。合计自秋至冬三月余，日资送出境者六十余万人，自冬至春五月余日，苏州城外设厂留养者四万余人，凡三十七厂，外郡州县视此有差，其在苏厂者，余复倡捐棉衣袴万领，闻风好义者又从而附益之，故竟一冬数万人无啼饥号寒疾病死丧之事，迨壬辰三月，始陆续厚资回里，时潘功甫舍人复以籽种赠之，沿途颇有颂声，以为吾属归不少一人，且增新产儿数十百辈，余曾绘成目送飞鸿长卷，属同人作诗纪其事，倘亦他日采风者所不废欤。

在此次长达7个月的救灾过程中，梁章钜尽心出力，诚如其所言："救荒事极繁重，而其纲领不过此数端，求可以一言蔽之者，则尽心二字而已。"的确，凡做事，先有"尽心"之心，则事几可成。同时，他救荒赈灾的措施简便有效，或出示募捐，或给船资送，或设厂留养，在当时的情况下，虽不能根本解决问题，但在很大程度上缓解了灾情对民众的影响。此外，梁章钜率先垂范，亲自"率属捐廉"，而且在冬季来临之时，还"余复倡捐棉衣袴万领，闻风好义者又从而附益之，故竟一冬数万人无啼饥号寒疾病死丧之事"。最后，梁章钜亲自动员城内外的巨贾富商也加入赈灾，并亲与他们约定不必因循故套，唯有富而礼者，量力而行，称心而出，形式不拘，只要"认办之事既定，即榜示灾民口数，并大标捐助姓名，使受者知食所自来，施者知钱所自往"，且"出纳自为经理"。这一做法既达到了让这些富商巨贾出资赈灾的目的，又满足了他们的虚荣心理，使他们心甘情愿出资出钱，给了他们相应的自主，官府不去经营、管理他们的钱财，但是客观上达到了动员社会各方共同救灾的目的，最大限度地解决了灾民的燃眉之急。这一办法可以看出梁章钜的的确确是“尽心”在做事，也显现出他的务实、灵活、讲求实效的办事作风。

林则徐对梁章钜的行为大为称颂，极为推崇，挥笔题写了一首题为《题梁茝林方伯〈目送归鸿图〉》的诗作，这首诗是为元和县令何士祁的《目送归鸿图》所作的题画诗，当然也是为梁章钜赈灾壮举所题的，他高度称颂梁章钜的行为是：

恻悱救时心，卓荦经世务。
不辞一身瘁，残黎活无数。
岂无危言阻？勇者能不惧。
善气所感孚，春风扇和煦。
……

第五章

黄楼休憩 笔墨生辉

由于积劳成疾，梁章钜于道光十二年（1832年）奏请开缺，回到福州黄巷老宅修养，并于老宅右侧新建小黄楼。在故里福州休养的三年时间里，梁章钜不改喜好著述本性，撰写了《三山唱和集》《东南峤外诗话》《江田梁氏诗存》《读渔洋诗话随笔》《退庵随笔》等著作，真可谓著述极丰。

道光十二年（1832年），江苏巡抚程祖洛擢升闽浙总督，梁章钜奉命护理江苏巡抚，这是梁章钜第四次护理江苏巡抚了。这一年的四月，58岁的梁章钜终因劳累过度而病倒。无奈之下，梁章钜只得上折奏请开缺，朝廷的旨意很快就批复下来，同意奏请，但要求梁章钜必须俟林则徐来接任后再行开缺回籍调理。林则徐是于道光十一年七月始任江宁布政使，同年十月又转任河东河道总督的。此次林则徐奉旨接任江苏巡抚一职，又一次与梁章钜演绎了前后任相互交接的奇趣故事，梁章钜还专门赋诗描述这种颇具传奇色彩的情形：“奇哉我宦辙，唯君履宪遵。分符与假节，交臂频殷谆。”梁章钜的辞官，在官场引起不小的震动，时任两江总督的陶澍深感意外，林则徐闻讯后更是立即从山左驰书慰留，“语极敦挚”，让梁章钜十分感动。

同年八月，梁章钜返抵故里福州，虽然还是酷暑时节，但是住进了黄巷老宅，心里又有着说不出的清爽和轻松，真可谓居室有余闲，没有了案牍劳形，没有了琐务缠身，也没有了官场繁杂人际关系的烦恼，他倍感轻松悠闲。

修建小黄楼

梁章钜返回福州后，经过一段时间的修养，加之心境放松，身体逐渐好转，便筹划着为自己修葺一个舒心的居所。于是，他在黄巷老宅右侧重新修建了一座小楼，名曰小黄楼。黄巷之名因晋永嘉年间中原黄姓人家避乱入闽落户于此而得。巷内历代多住儒林学士，尤以清代为甚，可谓人文荟萃，清代知府林文

梁章钜休憩读书的小黄楼

英、榜眼林枝春、巡抚李馥、进士陈寿祺与赵新等，都曾在巷内居住过。

以梁章钜的文化素质和品位，他不仅仅把这座小黄楼视为养老、休憩之地，更是以文化的诗情画意来修建它。小黄楼除了有主阁楼和藏书阁之外，西侧是一个花厅，有装饰典雅的厅堂，有大青石铺设的天井，天井两侧是弯曲的游廊，游廊内横排两重雕刻精美的轩架，园内有一座假山，假山顶上有一雅致的凉亭，于亭中可以俯瞰全园景致，与高耸的阁楼遥相辉映，假山之中有一雪洞，假山之后是一池碧水，池上横跨一弯石拱桥，桥栏杆中间的侧面刻着“知鱼乐处”四个字，显然这是用了《庄子》中“庄子知鱼之乐”的典故。不难看出梁章钜的内心深处的思想，他是

小黄楼中的石拱桥

想过一种如鱼儿游于水中悠然自得、逍遥自在的生活。

梁章钜还亲自给小黄楼的各显著位置题写了楹联。他为自己的新楼起名为“黄楼”，为新楼题写楹联“白傅早归，一代福人居福地；苏公再见，千秋黄巷重黄楼”，另一联“择里仍居黄巷宅，辞官恰及白公年”，则是由他的好友李兰卿精心书写。同时，梁章钜还为黄楼的厅堂起名为“芝南山馆”，并亲自书写匾额，时梁章钜方得文徵明的芝南山阁画卷，而所谓“芝南”者，与“知难”谐音，又赋予了知难而退之意。不仅如此，梁章钜见池塘旁有老梅一株，又在周边添栽了松、竹，还为之起名为“小三径”。梁章钜的这一黄楼，在布局上，模山范水，既有人工借景、分景的特点，又追求小中见大和人与自然的有机融合，这一切都明显地受到苏州园林的影响，而在整体设计与寓意上，则受到道家思想的濡染。

归里之后的梁章钜除了调养身体之外，就是与同里的耆旧诗酒往来、登临聚会、品评书画，此外，梁章钜还在里中开设了三山吟社。在故里福州休养的3年间，梁章钜不改喜好著述本性，共撰写了《三山唱和集》《东南峤外诗话》《江田梁氏诗存》《读渔洋诗随笔》《退庵随笔》等著作。其中《东南峤外诗话》和《读渔洋诗随笔》是诗话笔记，而《退庵随笔》则属笔记体著作。

《东南峤外诗话》

梁章钜回闽后不久即着手编撰《东南峤外诗钞》。这是一部闽籍诗人的诗集，梁章钜搜集了自唐五代至其生活时代的闽籍诗人的诗作，全书合计30卷，此书的编撰，按梁章钜的说法是当时返闽休养时，“家居多暇，搜辑闽诗，自唐五代至国朝，合为《东南峤外诗钞》，缀以诗话，将脱稿矣，而是楼适成，喜而纪之”。而《东南峤外诗话》一书则是在《东南峤外诗钞》的诗人小传的基础上编撰而成的，即所谓的“缀以诗话”。

《东南峤外诗话》是梁章钜的第三部诗话著作，共选有明代福建诗人207人，也是一部典型的地域性诗话。这一部诗话的编撰，开了地方断代诗话之先河。所谓“东南峤外”之称谓，最早语见南朝江淹的《自序传》中的文字：“淹字文通，济阳考成人……为建安吴兴令，地在东南峤外，闽越之旧境也，爰有碧

水丹山，珍木灵草……”查梁章钜《归田琐记》卷六中《已刻未刻书目》一文，冠以“东南峤外”的著作便有《东南峤外书画录》《东南峤外诗话》《东南峤外诗钞》3部。梁章钜之《东南峤外诗话》“林春泽”条下，梁章钜评述林春泽的诗作时言：“余每读其诗，而艳其寿，且艳其子若孙贵显并寿。盖东南峤外千数百年来指难再屈也。”由此可以断定，在梁章钜看来，“东南峤外”即为闽越旧境。

東南嶠外詩話卷之二

閩長樂梁章鉅撰

明二

楊榮

建安楊文敏公事蹟具明史本傳所著有訓子編一卷兩京類稿三十卷玉堂遺稿十二卷見明史藝文志明詩綜云有雲山小稿靜軒退思等集今存楊文敏集二十五卷　四庫提要稱榮當明全盛之日歷事四朝恩禮始終無間儒生遭遇可謂至榮故發爲文章具有富貴福澤之氣應制諸作渢渢雅音其他詩文亦皆雍容平易肖其爲人雖無深湛幽渺之思縱橫馳驟之才足以震耀一世而逶迤有度醇實無疵臺閣之文所由與山林枯稿者異也其與楊士奇同主一代之文柄亦有由矣柄

東南嶠外詩話　卷二

《东南峤外诗话》刻本

梁章钜之所以在归养故里后即着手编撰《东南峤外诗钞》和《东南峤外诗话》，可从其所写的《东南峤外诗文钞》的序言中找到答案。在这篇序言中，梁章钜首先有感于闽省在唐五代以前，风气虽然晚开，文物声名至宋始盛，但毕竟还是涌现出许多享誉海内外的文人，就作品而言，“亦不可谓不富”，但由于“良由继起士大夫表彰不力，荟萃不勤，任其散弃湮沉，而不少加顾惜。故时久而寂寥……”面对此番情景，梁章钜自言自己是“每翻志乘，慨然长怀”，遂起编撰这部诗钞和诗话之心，目的是“则区区敬共桑梓之意，行将扩为巨观矣”，也就是说要搜集、整理乃至弘扬、表彰地方的诗学文化。

梁章钜《东南峤外诗话》的编撰，起于蓝仁、蓝智，止于周益祥、颜廷榘。明代福建著名诗人，如林鸿、俞大猷、曹学佺、杨荣、陈第、谢肇淛、黄道周等尽皆搜罗其中。这部诗话编排以诗人立目，一目之下，先叙作者传略，间或考证作者的生平，探讨集子的版本，辨析诗作词句的正误，进而辑录各家的诗话评论，最后是梁章钜本人的按语和评述见解。

这部诗话的贡献在于三个方面，一是保存了大量明代闽籍诗人的诗作，考证辨析了作者生平、作品诗句的正误；二是阐述了梁章钜自己的诗学思想；三是褒扬和推崇了对福建历史有贡献的诗人诗作。

这部诗话中，梁章钜的评述涉及诗歌理论的各个层面，如诗歌的创作、形式、风格、内容、题材等。因此，此书对研究梁章钜的诗学思想有着极大的价值。

《读渔洋诗随笔》

《读渔洋诗随笔》是梁章钜诸多诗话著作中又一力作。

渔洋，即王士祯，清代著名诗人，素有“一代诗宗”“文坛领袖”之称，字子真，一字贻上，号阮亭，别号渔洋山人。王士祯年少才丰，于诗词、文赋无所不擅。八岁能诗，十五岁著《落笺堂初稿》，十八岁中举，二十二岁成进士，二十四岁赋《秋柳诗》四章，名噪大江南北。官至刑部尚书。王士祯一生勤于著述，至老不倦，各类著作达36种500余卷，其以“神韵说”为核心的诗论，影响深远，主领清代诗坛风雅达50年之久。

《渔洋诗话》是王士祯的一部重要的诗话著作。这部诗话虽不重理论阐发，多为经验之谈与记述论诗之语，但王士祯于论诗的过程中，见出其诗学观点，内容颇为充实，涉及诗歌的创作、风格和意境等方面。

梁章钜的《读渔洋诗随笔》著述时间大致在道光十三年（1833年）到道光十四年之间，这一时期梁章钜正值壮年之时，也是其诗歌创作精力旺盛、创作经验趋于成熟、对诗歌理论探索更为深入的时期。

《读渔洋诗随笔》类似于一部读书随笔，全书共215则，分上下两卷。所谓读渔洋诗，实际上是评论《渔洋精华录》的，前11则带有总论性质，记述时人对渔洋诗的总体评价，后面各条具体评论《渔洋精华录》的诗歌170则，次序基本同于金荣注本《渔洋山人精华录笺注》，只有少数诗歌前后次序略有颠倒。这部诗话，较之梁章钜以往所著的诗话，更显得挥洒自在，论述也更为自信，自己论述的文字也较多，乃梁章钜诸多诗话著作中的上乘之作。

讀漁洋詩隨筆卷上
長樂梁章鉅撰
余嘗問詩於文達紀師蘇齋翁師之門二師皆令熟讀王漁洋詩而議論風旨微有不同文達師之論平而允蘇齋師之論精而嚴要皆於漁洋有深契而不惜以金針度人者也今謹就所聞緒論參以他家之說略爲編次俾讀漁洋詩者有所折衷焉
文達師曰漁洋談詩大抵源出嚴羽以神韻爲宗其在揚州作論詩絕句三十五首前三十三首皆品藻古人末二

《读渔洋诗随笔》刻本

梁章钜在这部书的编撰体例上，采取的是以诗事为纲，同时融会了三个方面的诗歌评论：一是申述其师之见解（主要是纪昀和翁方纲的论述），二是汇集时贤之评述，三是阐发自己的体会感想。三者又往往融于一体。归纳梁章钜的论述，主要有两个方面，一是对王士祯诗歌的评价，在评价中展现梁章钜自己的诗歌见解和主张；二是直接表述自己对诗歌创作的见解。

梁章钜的诗歌审美观点与王士祯的“神韵说”有许多相似之处，故对王士祯诗歌中所表现出来的神韵颇为赞赏，多有肯定。

在诗歌欣赏方面，梁章钜可谓深刻理解了古人的“诗无达诂”的古训，既强调要以意逆志，又提出解诗不能处处字字“按以时事”“律以章法”，否则，就不是诗歌的欣赏了，“……若必字字按以时事，处处律以章法，则殊多不合……然以意逆志，亦都在离合之间，必求其人以实之，则凿矣！”

梁章钜最为推崇的诗歌创作的审美境界就是景中含情、情景交融，从而达到浑成的艺术境界，这在《读渔洋诗随笔》中显现得最为突出。

但梁章钜对其他的诗歌风格，也没有一味排斥，而且还认为诗歌不应只有一种风格和特色，可以不拘一格。梁章钜还认为诗歌的气象格局必须与诗歌的内容相吻合，他尤为不喜并强烈批评在诗歌中作无病呻吟之态。这些诗歌创作和欣赏的主张与见解，都是十分精当与正确的。

《退庵随笔》

写于这个时期的另一部笔记体著作《退庵随笔》，可谓是集梁章钜笔记成就之大成，在梁章钜的著述生涯中具有里程碑的意义。

根据梁章钜的《退庵自订年谱》记载，《退庵随笔》一书是道光十四年（1834年）编撰而成的。全书共分15个门类22卷，分别是躬行、交际、学殖（劝学）、官常（二卷）、政事（三卷）、家礼（二卷）、家诫、摄生、知兵、读经（二卷）、读史、读子（二卷）、学文、学诗（二卷）、学字，总字数约24万字。全书内容宽泛，包罗极广，其形式类似于语录体，较为灵活，于每一门类之下，或是摘录前人论述，或是在摘录后加以自己的评述，或是记叙自己读书所得，或记叙某一经历以及由此产生的见解感悟等等。纵览全书，又颇似格言、箴言一类的著作。

《退庵随笔》成书时，梁章钜已走过了60年的人生道路，纵观他这60年的人生历程，虽无大起大落，却也极为丰富。这个年龄段，正是他人生事业和思想最为成熟的时期，故而此书凝聚了梁章钜在政治、经济、人生、学术和文艺等方面的所有思想与见解，以及人生感悟和思考，也可视为他政治抱负、政治主张、从政经验、人生感悟以及文艺思想观点的总结。

江苏广陵古籍刻印社《退庵随笔》

此外，作为活跃在中国近代政坛和文坛的一个重要人物，梁章钜的《退庵随笔》所表露出来的思想同样有着典型的代表性。《退庵随笔》一书是以随笔的形式出现，较梁章钜其他著作更能直观地探视到他的内心。

阮元为《退庵随笔》题写书名

在《退庵随笔》中，经世致用的思想几乎体现在了各卷之中。嘉道时期经世致用思潮的主要特点体现在关注民生、议论时政、主张革除弊政，同时力主凡事均应注重实用，杜绝空疏。倡导与实践这种风气的人士则无不具有博览群书、刻苦力学、熟识各种知识的特点。这些特点在梁章钜的思想与行动上都得到了典型的体现。

梁章钜经世致用思想的形成有其深厚的社会和家庭环境因素。清代嘉庆初年，福州地区即有学者倡议和讲述经世致用之学，首倡者之一即为郑光策。郑光策一生不仅最喜“读经世有用之书”，而且在主讲鳌峰书院时，把“经邦济世”之学作为教育之根本。他热衷于探究“为民兴利除害”，以图革新社会。梁章钜作为其得意弟子及女婿，深受其思想的影响。梁章钜在《乾嘉全闽诗传》中就曾回忆郑光策的为人与为学：“章钜以子婿为受业弟子，熟闻先生诲人宗旨以立志为主，谓志定而后教有所施。又不欲人急于著述，谓古圣贤之学，大抵先求诸身，既修诸事，即推以济于世。”梁章钜的父亲梁赞图与郑光策是好友，他始终要求梁章钜做到无益之事勿为，为文做事应有益于世。梁章钜出仕以后，往来交游亲近者，多为嘉道时期经世致用思想的著名倡导者和实践者，如陶澍、林则徐、阮元、贺长龄、魏源、龚自珍等。梁章钜与这些人志趣相投，相互

影响，相互砥砺。阮元与贺长龄还亲为梁章钜的《退庵随笔》写了序。

《退庵随笔》一书一个很突出的特点是，它深切地表现了梁章钜对现实民情的关注与思考。梁章钜为官几十载，踪迹遍及多省，他一生始终都对民生、社会、时政等问题予以关注，并且有着自己清醒、独到的见解。在《退庵随笔》的论述中，他敢于指出社会与民间存在的严重不均现象："圣人言均无贫。今天下之不均甚矣，焉得而不贫"，"今天下治乱之故唯州县与百姓一关，至为紧要，不独贪廉为小民身家所系，即勤惰明昧之间、缓急宽严之别，亦为小民休戚所关。"

梁章钜认为这种不均与民间赋税的深重有着直接的关系："江南赋额之重，甲于天下。其始也，贾似道倡买官田之说而增其额……而民困益深，迁延至今，日积月累，即以苏松二府计之较宋时原额增至七倍有余，较元时原额亦二倍有余，约计苏松之田，居天下八十五分之一，而所出之赋任天下一十三分之二，其不均甚矣。余藩吴五年，日思此事。"可见梁章钜关注民生问题十分细致。

清代中晚期的吏治腐败问题，已到了无以复加的地步，梁章钜由于久历地方，对此洞若观火。有人以为于地方为官为清贫之位，但梁章钜则尖锐地指出："不核其才望，不责其训课，以学校为恤老怜贫之地，以司铎为投闲置散之官，甚至索贽见，勒节规，而不复问教学何义，谕训何事，为州县者遂从而外之，此庸恶陋劣之讥所由来也。"在《退庵随笔》一书中，梁章钜还多次抨击县令胥吏之弊。

由于受经世致用思想的影响，以及久任地方要职，梁章钜对民生问题始终予以极大的关注。譬如漕运，即为国家重要的经济问题，甚至关乎国家的安危。清代朝廷还专门设置了漕运总督，并有一整套独立的运行机构。因漕运事务繁杂，贪污舞弊者有可乘之机，致南粮北运耗费惊人，梁章钜有一个统计："国家岁需东南漕米四百万石，而苏、松、常、镇、太四府一州之额，几及其半。余尝藩牧吴中，略知其数。其每岁例给旗丁之运费，为银三十六万九千余两，为米四十一万一千余石，计米折价值银九十三万六千七百余两，共计给丁银米二项，需银百二十九万五千余两……官民俱困，名实不符，日甚一日，伊于胡底？"梁章钜不仅指出弊端和危害，更指出这些负担最后都转嫁到农民身上，成为朝廷一大苛政。

盐课为清廷主要的财政收入，为保证盐课的收入，清廷推行了官商垄断的"纲盐"制度。但在实施过程中，官吏与盐商勾结，官盐滞销，私盐充斥，致财政收入锐减。梁章钜引用郑光策的话来表明自己的观点："煮海之利国赋为最多，而滨海之民资此为养者亦最多，乃近代之制。尽属于商，贫民不得与焉。所市者，此疆彼界，各有分地，分毫不能相借，民情所便，而地势限之……官兵捕之，刑狱滋多，然议者谓，不如是则无以盈岁赋之额。"此语指出了这种制度的弊端与后果，可谓一针见血。

《退庵随笔》的第二个特点是充分体现了梁章钜忧国忧民、寻觅药方以求致用的思想。

面对各种社会问题日益严重和清王朝由盛转衰的剧烈转变的现实，梁章钜始终有着一种深深的忧患意识。梁章钜认为如此时

局，必须要进行变革，认为“道”穷则变，变则通，唯有变通目前之计，才能对“百殃并集”的局面有所补益。梁章钜不仅有着深深的忧患意识，而且还针对现状，时时思考和寻觅着解决问题的良方与对策。这些对策不仅针对性强，而且贴近实际，凝聚了他在实践中的思考，也形象地体现了经世致用思想的影响。

梁章钜思考和寻觅着解决问题的良方与对策，大多能够切实致用，这与其久历地方、直接接触实际事务有直接的关系。如针对漕运、盐课、农民民生等存在的问题、弊端，梁章钜都提出了解决问题的对策，且针对性、可操作性强，显现出梁章钜对这些问题认识和思考的深度和思维的开阔。其中最引人注目的是他对水利的见解。梁章钜极为重视水利，“思东南财赋綦重，水利不可不修”。在嘉道期间，水患频仍，造成无数民间疾苦，朝廷也深感棘手。梁章钜任地方官期间，亲自主持多项水利治理工程，以求能够造福于民。同时，他还深入研究，提出了许多让人折服的见解。他认为水利建设要因循自然规律，因势利导，从根本上整治河患。“余官河上三年，细加体察，如果海口初淤河身，未垫则当专治海口，今受病之河实不在尾闾，而在中膈，则当兼治河身。”在具体的治理方法上，他提出要建立分洪区：“窃谓急则治标，唯有预筹分派减流之路。”他十分赞赏靳文襄的分流法：“其下注之水，迂回数百里，澄清而达于洪泽湖。湖水既高则坚守山盱各河坝，使专从清口滔滔外注。徐城以下之涨水，既可分消，而山安海防一带积淤亦得全资刷涤。”这些见解，如果没有广博的学识、丰富的实践经验和对此事务的重视，是不可能得出的。梁章钜在道光五年秋黄河盛涨时，就曾力主用此法。有趣的是，当时的一批经世名臣不仅对水利治理问题有研究，而且都亲身投入其中，这正是经世致用思想最形象的体现。

梁章钜也是力倡学术文艺要重实际，以求有益于实用。《退庵随笔》也有较多篇幅论及为文之道。学术上，梁章钜提倡经世之学，主张要学以致用："治经者不拘汉学、宋学，总以有益身心有裨实用为主，否则无论汉学无益，即宋学亦属空谈，说经者亦期于古圣贤立言之旨，愈阐而愈明，方于学者有益。……吾友谢退谷所谓诵记虽得，探讨虽勤，而一遇事，全无识见，一举念，只想要钱，不亦重可叹哉。"故此，他极力主张为文要实，否则就无益于读者，也无益于世。他在"学文"卷中说："今考据家作文字率喜繁征博引，以长篇炫人，然气不足以举之，每令阅者不终篇而倦其意，自谓源于史汉。然史公文字精采，虽长不厌，《汉书》则冗沓处实多。"由此，梁章钜更进一步认为："为文当由内而发乎其外，方能成为好文章。"正因为如此，梁章钜十分反对写谀墓文章："白香山《策林》有云：'凡今秉笔之徒，歌咏诗赋碑碣赞诔之制，往往有虚美，有愧辞。行于时，则诬善恶而惑当代；传之后，则混真伪而疑将来。大非先王文理化成之教也。'按此风自昔已然，今又甚焉。世有自命为雄文健笔，攫取谀墓金者，亦当稍知返也。"所以梁章钜对随笔这种形式似乎情有独钟，他在《退庵随笔》的序言中说："《退庵随笔》者，随所见之书而笔之，随所闻之言而笔之，随所历之事而笔之。而庭训师传，尤所服膺，借以检束身心，讲求实用而已。"

江蘇省文物保護單位
清代
焦山古砲台
江蘇省人民政府一九八二年三月公布
鎮江市人民政府一九八六年十月立

第六章

巡抚广西 岁月峥嵘

道光十五年（1835 年），梁章钜奉召入都，先后任职甘肃布政使、直隶布政使、广西巡抚兼广西学政。广西任上，他力排众议，采取雷霆手段，坚决剔除科场上的各种弊端；他不遗余力查禁鸦片，严饬各属遍行查禁，铲除烟苗，严绝滇、黔方向的外来贩卖之路；他积极备战广西，星夜驰援广东，协助林则徐抗英。江苏巡抚任上，他仍然心忧战事，积极布防上海，抵御外寇。

第一节 整肃科场 查禁鸦片

奉召任职

道光十五年（1835年）四月，道光皇帝令军机大臣字寄闽浙总督，询问养疾在家的梁章钜情况，闽浙总督以章钜病痊闻，道光皇帝遂决定再度起用梁章钜。梁章钜于这一年的五月动身，奉召入都，准备就任甘肃布政使。

非常遗憾的是，梁章钜这次离闽入京，就再没有回过福州，他用心修葺的小黄楼也再没迎回它的主人了，这恐怕是连梁章钜自己也没有想到的。

临行时，福州的三山诗社好友为梁章钜送行，一直送到洪塘码头，直至船帆消失在山水之间。梁章钜北上途经苏州时，时为江苏巡抚的林则徐对这位老友的到来欣喜异常，在苏州极尽地主之谊。梁章钜更是十分看重与林则徐的见面，两位同乡老友相隔多年再度相逢，也算暂时解了多年牵挂与思念之苦。梁章钜专门为此赋诗记述了他与林则徐相会的情景。其中一首为《小住胥江承林少穆中丞招饮赋诗累日不倦别后叠北行韵寄酬二律》：

云气崇朝触石轻，告天精白有心盟。

翻言甘雨真随至，自愧炎威正述征。

话旧恰逢宫酿熟，开襟更趁圃凉生。

一般后乐名亭意，骧首袁江驻旆旌。

连日铃斋屡往还，几番离思绕江关。
颂声久听棠阴满，乡味齐忘荔子斑。
偶涉诗缘总关政，深谈民瘼少开颜。
清时开府凭宏济，莫拟当年庾子山。

“连日铃斋屡往还”，两位挚友连日多次相见，促膝长谈，且“累日不倦”，而其所谈，自不限于别后的思念之情、诗文情趣和故里往事，两位经世名臣交谈更多的是“偶涉诗缘总关政，深谈民瘼少开颜”，一个“总关政”和“深谈”足以说明一切问题，而“少开颜”则显见二人对艰难时局的深深担忧，他们都希望为拯救艰危而有所作为。

梁章钜八月下旬抵京后，道光皇帝在四天之内连续三次召见，道光帝明确告诉梁章钜，此次召回他并非只是让他就任甘肃布政使一职这么简单，言语中透露了对他的倚重和信任之意。

道光十五年年底，梁章钜终于抵达甘肃，就任甘肃布政使。上任后，他马上就着手处理藩库中缺漏七万两银子这一棘手之事。不到两个月，梁章钜又奉调直隶布政使，很快又接奉转任广西巡抚、广西学政的命令。在返京递折谢恩时，道光帝又连日六次召见梁章钜。林则徐得知老友再获重任，当即赠联一副：“诏起家山，著述已成千卷；官同岭海，因缘宿缔三江。”

在京期间，梁章钜与时为宗人府主事的龚自珍有过一次深入的畅叙晤谈。实际上，梁、龚二人已是旧识，他们都对国家有着一种责任感，都深深地欣赏对方的才华，且认知看法颇多相似，

随着交往深入，两人的相知也渐深。梁章钜对龚自珍的评价是：“抱负恢奇，才笔横恣，不为家学所囿。”所以此次在京城饯别后，龚自珍撰写了专文《送广西巡抚梁公序》3篇以送梁章钜赴任广西。《送广西巡抚梁公序》，计1500多字。3篇序文，除了对梁章钜表示深深的崇敬之意外，还称赞了梁章钜有肃、俭、文、听、敏、恬、良诸德，足宜治一行省，深情表达了对梁章钜外任封疆大吏。能够有宏伟政绩的殷切期望。

整治科场

道光十七年（1837年）夏，梁章钜抵达广西。梁章钜是以广西巡抚兼署广西学政的身份来到广西的，身为广西的行政和文化教育最高长官，他对广西科场的积弊早有耳闻，在梁章钜70岁时所写的自订年谱中对此有明确的记述：“广西文闱积弊多端，其最甚者，每科闱中辄派兵六十名，列坐于明远楼之上下前后，各为稽查弹压，而枪替传递之弊即伏其中。甚至有能文之举人，身穿号褂于楼上起草，交他兵顺递号舍中，毫不费力者。”此种情形，可以说是已经到了完全目无法纪、无法无天的地步。以梁章钜的为人品行，对此肯定是深恶痛绝的，他绝对不允许这种现象在其职掌范围内发生。因此，梁章钜到任后，立即对科场积弊进行了明察暗访，随着调查的深入，“采访明确，乃排众议，革除之，并附片奏明立案，士林感之”。虽短短数语，亦显见阻碍之重，而梁章钜决心之大。随后，梁章钜以附片的形式向朝廷汇报了此事。道光十八年一月，朝廷作出批复：“梁章钜奏请革除科场积弊等语……其旧有弊端，永远革除。”他力排众议，采取雷霆手段，坚决剔除科场上的各种弊端。所谓“士林感之”，说明此举之深得人心。

不仅如此，梁章钜还对试卷严格把关，在其所著的《制艺丛话》一书中曾记载了这样一件事：“道光已亥，余监临粤西乡试，首艺题为‘爱之能勿劳乎’一节，榜前有秀峰书院肄业生陈某以闱艺录呈，客有讥其晦涩者，又有笑其稚弱者。余初阅时，即觉其迥不犹人，复阅之，始疑非时手所能办，姑以好语批奖之。既揭晓，乃知此文已拟元，数日后，因三卷雷同而置之，余私幸老眼之未昏，且喜闱中衡鉴之不爽也。”

梁章钜的各种整肃措施，震慑了当时的科场，整肃了考纪，科场舞弊之风大为改善，士林学子们对梁章钜深为感佩。

查禁鸦片

1837年前后，鸦片已经侵入中国，梁章钜到任广西时正是鸦片在中国日益泛滥的时候。实际上，从18世纪末期起，西方殖民者已经把大量鸦片输入中国，毒害国人并使中国白银大量外流。此时，朝廷上下对鸦片问题却在争论不休，以首席军机大臣穆彰阿为代表的一派提出“弛禁论”，主张让鸦片走私合法化，再加以征收重税，这显然是荒谬之谈。当时鸦片的危害性已经为有识之士所认识，他们都提出强烈的反对意见。时为鸿胪寺卿的黄爵滋则提出“严禁论”，主张以重治吸食者为先。朝廷则将黄爵滋原折交各省督抚商议。梁章钜对此先肯定其主张是“其情甚切，其论亦甚畅”，然后又进一步提出，禁烟一事，不仅要“治其流”，还要“清其源”，进而提出了“鸦片烟之源不在吸食之

人，而在囤贩之地，试思外洋之物，不流入内地，则人何从而兴贩？无兴贩又何从而吸食？是必有以银易烟之奸民，即必有开窑囤烟之窝地。”梁章钜还分析道，当时与西方殖民者开易烟土，“皆不在内地，而在窑口……凡有窑口之处所，衙门书役以及土豪地棍皆沾其利，为之护持，所以正清源的办法，是将死罪施之开窑口之人，而行法必自官始，行法于一般官员，又必自大官始。”梁章钜的观点十分明确，他说：“以中国之银，易外洋之物，而一去不复返，然犹有物存也……乃至以中国之银，易外洋之鸦片，而耗中之耗，愈不可问矣。”梁章钜的这番深刻的分析，可谓抓住问题的根本，所提出的办法与措施不仅颇具眼光，而且针对性强，在当时的政坛上产生了相当的影响。

正是基于这样对鸦片危害性的深刻认识，梁章钜在广西巡抚任上不遗余力地查禁鸦片。他严饬各属遍行查禁，铲除烟苗，严绝滇、黔方向的外来贩卖之路。

在梁章钜的严令下，广西各府、州、县认真稽查，破获了多起贩卖烟土案与官吏包庇烟贩案。当时广西的梧州和浔州两地，都是广东鸦片运抵广西的集中地，浔州官吏秉承梁章钜的严命，抓获了很多犯人。但是，当时的梧州知府刘锡方却敷衍应付，不仅查拿烟犯甚少，而且其家丁因受贿包庇烟贩案被侦破，在其府中查获大量烟土、烟膏、烟枪等。对此梁章钜深为震怒，遂立即奏请摘其顶戴，责令其立功赎罪。对云南、贵州交界原先栽种罂粟处，梁章钜命令立即铲除，并订立查禁章程，用十家连环保的办法，于每年二、八月查办两次，务求彻底绝灭鸦片祸患。梁章钜在广西任上的禁烟有很大起色和成效，使“莠民不无侧目，而良民无不欢欣”。

第二节 驰骋桂沪 抵御外夷

备战广西

1840年前后，古老的中国进入了民族危难的多事之秋。

道光二十一年（1841年）二月，英军攻破虎门，进逼广州，局势危急。时在广西巡抚任上的梁章钜坚定地站在林则徐的抗英路线上，梁章钜主政的广西也成为支援广东的主要后方。

面对艰危时局，梁章钜一面策划部署，选派强将率领抚标、提标及2000名广西精锐士卒，星夜驰援广东，协助林则徐抗英，其中广西梧州协副将周枋在保卫广州门户乌涌炮台战斗中英勇殉国；一面亲自督兵镇守与广州接壤的梧州。梧州是一座有着两千年悠久历史的古城，位于广西东部，紧接两广边界，为广西东大门，地理位置十分重要。

为配合林则徐广州防务部署，梁章钜命令广西军民把桂林、南宁的12门城防大炮以及其他地方数十门500斤以上的火炮拆运至广州，他还想方设法确保珠江上设置栏栅、暗桩、木排所需的木料等物的供应。

在积极备战期间，梁章钜亲自勘察南宁、浔州、平乐、玉林三府一州的山势地形，“择其要隘，添拨官兵驻守，严密巡查”，派兵驻屯南宁、浔州、平乐、玉林等各地。他还晓谕各属居民“团练壮丁，自相保聚，水路则临流设险，陆路则筑卡挖壕”，形成了与广东联络呼应的态势，从而使广西境内安然无事。

这一时期梁章钜还与投降派进行着坚决的斗争。道光二十一年（1841年）五月，林则徐被革职，梁章钜得知后，气愤不已，深为林则徐不平，他愤而奏请严查琦善和广州知府余保纯等的投降罪行，怒斥琦善是“专以钳制人口为能”“开门揖盗”，认为琦善的妥协、割地赔款损害了清廷的统治，奏请朝廷罢免琦善，并向朝廷提出以“收复香港为首务”，终使道光帝下诏将琦善革职锁拿。

同时，他还热情歌颂三元里人民抗英斗争，指出：“此次广州省城幸保无虞者，实借乡民之力，乡民熟睹官兵之不可恃，激于义愤，竭力抵御，一呼四起，遂使英夷胆落魂飞，骤解围困。”此外，在当时众多的督抚中，梁章钜是第一个将广东义民抗英说帖上奏朝廷的人，也是第一个向朝廷提出以“收复香港为首务”的人。

上海防务

道光二十一年四月，梁章钜获授江苏巡抚。

七月，梁章钜抵达江苏赴任，未等安顿完毕，便马不停蹄带兵奔赴上海，会同江南提督陈化成部署抗英防务。他认为上海、宝山两处为江南门户，最关紧要，极应分驻重兵。于是，他先后两次从扬州、常州、徐州、京口、徽州等地调兵3700人，布防于上海、宝山陆路要隘，又派300兵力驻守与浙江乍浦海口相连接的金山，抽调300兵力支持裕谦防守镇海。与此同时，梁章钜亲自督促上海炮局加紧铸炮，从四月至九月铸成1000~4000斤铜炮50门，4000~6000斤铁炮12门。各大小炮拨到吴淞兵营后，他又立即亲自到各隘口逐一检查，妥为安设，同时会同陈化成对各炮进行演练，校准射程。在认真检验以后，梁章钜对整个吴淞口的防备才稍感放心。这段紧张艰辛的历程，梁章钜在其《浪迹丛谈》中有较详细的记载。

当时，在吴淞口外有200余只闽粤商船寄淀洋面，裕谦恐英军汉奸混入其间，奏准口外商船一概不准进港，致使“合县商民汹汹，几至罢市，县令束手罔措，关道遽欲辞官”，各行商民纷纷具诉。梁章钜便亲赴海口，详加访问，了解到来上海各船，原有南北洋之分，“北洋沙船有印照查验，南洋闽粤各船，归行户专管，不能混行出入”，于是，“即日据呈批准进港，一面具奏，人心始安，欢声雷动”。

梁章钜还因势利导，组织团练精壮义勇，而那些“船户等得有生路，亦俱踊跃感奋，同心外御”。他先后在宝山、上海、川沙、太仓、南汇、嘉定等地练勇5900人；还练上海、华亭等地的水勇300人，备有快船、海燕子船、海船50余只，灵巧便捷，皆如轧船之利。在黄浦江面，梁章钜还专备沙船120只，各船内预装沙石重物，以便有事凿沉拦阻之用，使“商民借此安堵无惊，军心为之一振，逆夷数月内，不敢窥伺吴淞者”。

此时，梁章钜与龚自珍书信往来不绝。梁章钜在其《师友集》的“龚自珍”条中特地提到了在上海防堵时二人的交往。虽然龚自珍力主改革，“语多触忌”，但梁章钜并不以为嫌，认为那些对龚自珍言论持异议者为“井蛙之见耳”。在鸦片战争的隆隆炮声中，二人书信往返，“邮书论时事”，共商对策，梁章钜还邀龚自珍入江苏巡抚幕府，共同抗敌，以图复兴。只可惜龚自珍天年不永，溘然遽逝，遂致梁章钜为之泫然叹息。梁章钜在《师友集》中曾说：“适余在上海防堵，邮书论时事，并约即日解馆来访，稍助筹笔。余方扫榻以待，数日而凶问遽至，为之泫然。”所以梁章钜在此段短文后所附诗中言：“正约风云会，何缘露电惊！”

道光庚子春鐫

楹聯叢話

環碧軒藏版

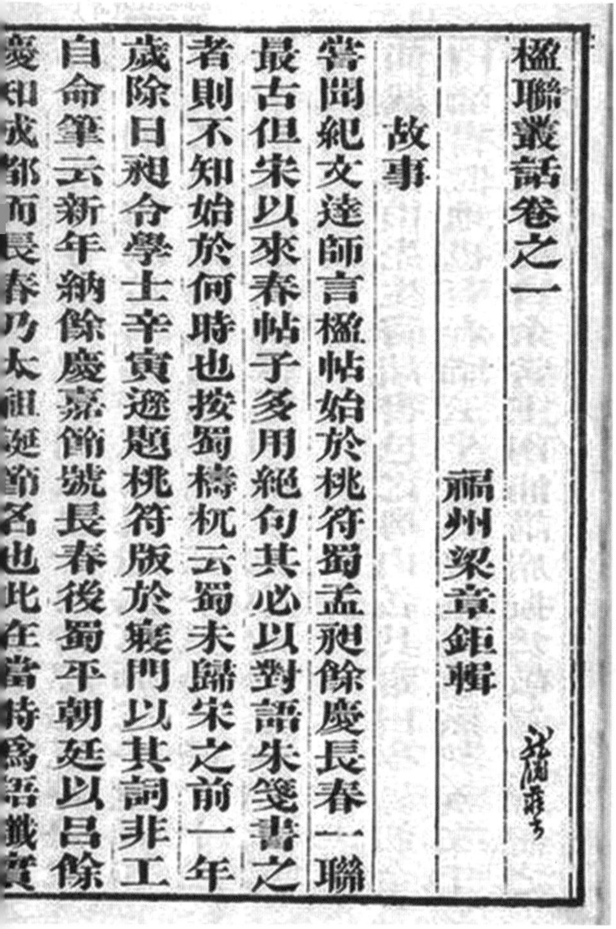

楹聯叢話卷之一

福州梁章鉅輯

故事

嘗聞紀文達師言楹帖始於桃符蜀孟昶餘慶長春一聯最古但宋以來春帖子多用絕句其必以對語朱箋書之者則不知始於何時也按蜀檮杌云蜀未歸宋之前一年歲除日昶令學士辛寅遜題桃符版於寢門以其詞非工自命筆云新年納餘慶嘉節號長春後蜀平朝廷以呂餘慶知成都而長春乃太祖誕節名也此在當時爲語讖實

第七章

文笔纵横 楹联巨子

任职广西期间，在繁忙的公务间隙，梁章钜依旧没有停止其著述之笔，完成了《文选旁证》《三管诗话》《楹联丛话》等著作。尤其是《楹联丛话》，可谓中国楹联史上一部具有里程碑意义的著作。

第一节　钻研不废　老树新枝

《文选旁证》

自道光十七年（1837年）至道光二十一年，梁章钜在广西任职前后共5年，在繁忙的公务间隙，依旧著述不辍，且佳作迭出。

首先是梁章钜于道光十八年终于编撰成《文选旁证》，共计46卷。

《文选》一书为六朝梁昭明太子萧统编撰，是我国现存最早的一部文学作品总集。这部总集共收录了自周代到六朝七八百年间130位知名作者的诗文及不知名作者的古乐府诗，还有著名的古诗19首，总共有诗文700余篇。这部诗文总集几乎把到六朝为止的各种文体的主要代表作收罗齐备。

这部总集中的具体作品是萧统精心挑选而出的，堪称各个时代、各个作家、各种文体的代表作，因此也是后人研习和欣赏的典范。由于《文选》自身的巨大魅力，自问世后，历朝历代都极为珍视。唐代有“精熟文选理”之说，宋人也有“文选烂，秀才半”的谚语，乃至于出现了专门的学问研究——文选学。自隋至清，研究成果汗牛充栋，数不胜数。其中唐代李善所注的《文选》因用力最勤，成就最大，可视为文选学成熟的标志和最重要的成果。

《文选旁证》刻本

到了清代，由于汉学大兴，文选学自然复兴。在整个清代的文选学中，梁章钜的《文选旁证》一书可视为集大成之作。《文选旁证》是梁章钜一生最重要的著作之一，几乎耗费了他一生的心力。梁章钜在自序中说：“伏念束发受书，即好萧《选》。仰承庭训，长更明师。南北往来，钻研不废。岁月迄兹，遂有所积。”梁章钜还在《文选旁证》的凡例中言：“是编创始于嘉庆甲子，丹黄已三十余年，中间凡八易稿。”他一生对此可谓兴趣与爱好始终未曾衰减，直到64岁之时，终于完成了这部沉博美富的46卷巨作。由于梁章钜的《文选旁证》旁征博引，订正缺失，成就极大，人们予以了很高的评价。同样是著名的《文选》学家的阮元、朱珔等都给予了充分的肯定。阮元说：“博采唐宋元明以来各家之说，计书一千三百余种，旁搜繁引，考证折衷，若有独见，复下己意，精心锐力，舍易为难，著《文选旁证》一书四十六卷，沉博美富，又为此书之渊海矣。”朱珔也同样给予了高度的肯定：“君独博综谛，梳栉疑滞，并校勘诸家，一一胪列……斯真于是书能集大成者矣。”足见梁章钜的《文选旁证》一书在《文选》研究史上的贡献与地位。

梁章钜的《文选旁证》一书的特点十分突出，首先是取众家之长，旁搜广征，兼容并蓄，而且校勘极为细致、认真严谨，可谓多方借鉴，不分古今贵贱。此外，这部著作引用书籍计达1300余种，涉及经史子集笔记小说等各个领域，几乎将唐宋元明清的相关研究内容收罗殆尽。

第二个特点是注释确切、考证细密。实际上，对《文选》，李善注和五臣注都已经相当详赡了，但经过梁章钜的以“史传各注”“他书他论”，还有将个人的“鄙见”补充进来，自然就更为详赡了。梁章钜对《文选》的审慎、细密的考证工作也足以让人称道。全书的考证条目较多，其考证之周详，极见梁章钜之为学功力。

第三个特点是评论精湛，展现博通见识。虽说《文选旁证》一书重在校勘和训诂，但梁章钜在校勘的过程中，间或也会插入自己的评述，这些评述不仅简明扼要，而且深刻精湛，展现出不同一般的见识。

《三管诗话》

梁章钜抚桂5年，公事之余，依旧热衷于伏案著述，钻研不废，几乎手不停披。完成于道光二十一年（1841年）孟夏的《三管诗话》，也是梁章钜著述生涯中较为醒目的一部著作。在此稍前，梁章钜编撰了一部《三管英灵集》，计57卷。这部诗集是梁章钜将广西从古至清朝这一漫长的历史进程中，广西诗人的诗作进行汇编的，是一部广西地方诗歌总集，全景式地展现了广西诗歌发展的历史进程，也是研究广西诗歌发展及文化历史的重要参考著作。诗集中，梁章钜于每个所录的诗人条目下，缀附以诗话若干则，于是梁章钜在诗集书成之后，又将这些诗话从《三管英灵集》中抽出编辑而成为一部诗话，这就是《三管诗话》的由来。如此做法，梁章钜自称是仿照朱彝尊编录《明诗综》的方式。

所谓“三管”者，原指唐代岭南五管中的广西三管，即桂管、邕管和容管，其所辖相当于今广西壮族自治区，故古人常以“三管”雅称广西。

《三管诗话》也是一部区域性的诗话，梁章钜编撰《三管诗话》的目的，在其自序中说得很明白：“区区抱残守缺之心，当亦都人士所不忍听其湮没者。拾遗捃逸，尚望同志者扩而充之云尔。”其中可见编撰诗话体现了梁章钜的文化情怀，不独是对三管大地的热爱。

《三管诗话》共3卷，梁章钜编著了149则诗话，其中上卷56则，中卷43则，下卷50则。诗话的内容，记载了上自汉代的喻猛，下至明清时期广西诗人的诗事。这部诗话的文风十分轻松，每则诗话的记写看似信笔拈来，实则谨守一定之规。每则记写，基本上由4个部分组成，即诗事背景、所引相关的诗歌、引用的典籍与考证辨析，以及编撰者的评析。

梁章钜这部诗话不仅保存了许多广西地区诗人的资料，同时还发现和考证了许多珍贵的文献。例如明末著名爱国将领袁崇焕，不仅忠烈英勇，而且还是一个很有特色的慷慨诗人，其为广西平南人，但是《广西通志》无传，而朱彝尊《明诗综》、汪森《粤西诗载》、张鹏展《峤西诗钞》均无著录，梁章钜抚桂期间，四处搜访，从其后人袁珏处得其所辑的袁崇焕《乐性堂遗稿》二卷，梁章钜称自己是“如获珙璧”。梁章钜的发现，终使

一代名将的诗作得以留存，也为广西诗坛增添了光彩。梁章钜还在《三管诗话》中专列二则，评述袁崇焕的诗，通过称引其题为《九河故道诗》诗作后评价说："合而观之，知公不但洞精韬略，兼有行水之长。瞻言百里，岂诗人所能窥其涯涘哉！"对袁崇焕业绩与诗歌给予很高的评价。

在《三管诗话》中，梁章钜广泛搜集各类典籍，介绍了广西地区的少数民族诗歌，特别是少数民族的爱情诗篇，从而使少数民族的诗歌有一个集中展现的平台，而且也使得《三管诗话》在地方性诗话的基础上，还具有了民族文化色彩。这当视为梁章钜编撰这部诗话的一大功绩。

在选录这些民歌的同时，梁章钜对于士大夫记录边地风土民俗的诗篇，同样给予重视。这对像梁章钜这样"耽风雅"的文人来说，殊为不易。在正视这些边地民歌的同时，他对那些反映民生疾苦、具有讽喻之意的民歌，也给予了关注。如《三管诗话》下卷录了施闰章《昭江黄牛滩寄黄抑公》诗："天南瘴疠多故人，屈指黄生多苦辛。一官三载无处所，寄食羁縻似逐臣。"梁章钜在按语中评道："若以此诗赠今日之太平守，则人人以为不称矣。一麾至此者，慎勿但视为畏途也。"

梁章钜所编撰的《三管诗话》，一如他的其他诗话，表现了他鲜明的诗论观点和审美意趣。在审美意趣方面，梁章钜尤为强调诗歌创作的意境自然、风调清新，且要情景兼到、意真理切、不废雕琢而力趋淡远。梁章钜要求诗歌的描写要出自自然，在审美情趣上，更为喜好的是情景相融的特点，并能达到韵外之致的境界。

第二节 《楹联丛话》 开辟新境

梁章钜一生耽于著述，他所编撰的许多著作，都带有创新的意义，填补了其所研究领域的空白，成为这个领域的标志性论著。编撰于道光二十年（1840年）的《楹联丛话》就是中国楹联史上一部具有里程碑意义的著作。

楹联自唐代就出现了。在所有的文学体裁中，如果从雅俗共赏、流传之久、应用之宽广来说，莫过于楹联了。其上自皇宫，

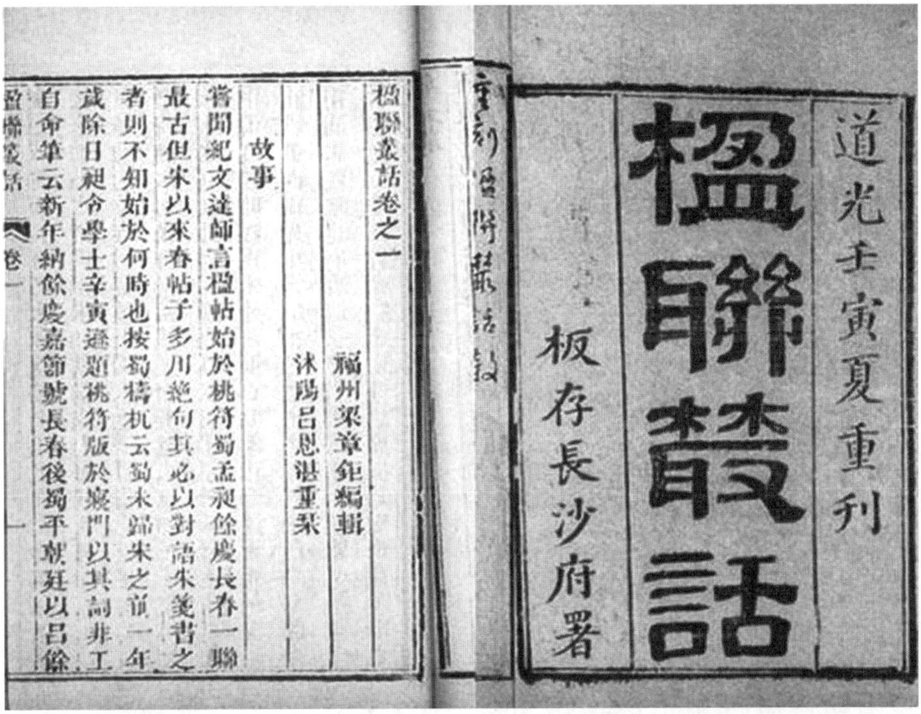
道光壬寅夏重刊
楹聯叢話
板存長沙府署

楹聯叢話卷之一
福州梁章鉅編輯
沭陽吕恩湛重栞
故事
嘗聞紀文達師言楹帖始於桃符蜀孟昶餘慶長春一聯最古但宋以來春帖子多用絕句其必以對語朱箋書之者則不知始於何時也按蜀檮杌云蜀未歸宋之前一年歲除日昶令學士辛寅遜題桃符版於寢門以其詞非工自命筆云新年納餘慶嘉節號長春後蜀平朝廷以吕餘

楹聯叢話《卷一》 一

《楹联丛话》道光二十二年刻本

下至草野，闹若长街，寂如萧寺，可谓无处不在。中国古代的楹联，发展至明清，已达高峰。然而，自唐代有楹联以来，出现了一种有趣的悖反现象，即楹联的创作日渐繁盛，参与创作的人数日多，应用面日广，影响与作用也越来越大，却少有人对其进行收集整理，更谈不上深入研究了。以楹联发展繁盛期的明清两朝为例，明代对联集仅有8部，研究性的著作则没有产生一部；清代虽有近200部对联集，但在清道光二十年（1840年）前则没有联话性质的著作出现，这种状况直至梁章钜的《楹联丛话》的问世才被打破。

梁章钜的《楹联丛话》是中国楹联史上第一部联话著作。所谓联话，可以视为我国诸多文论种类中的一种样式，其形式与诗话、词话等有一脉相承和相似之处，主要是讲述楹联的故实，论述楹联作家创作逸事，品评楹联作品得失等。联话内容丰富、形式活泼，故亦可视为谈论楹联的笔记。《楹联丛话》这部著作不仅汇集了我国自宋代以来的各类名联，更重要的是，梁章钜还对各类楹联分别叙述缘起、考订真伪、品评特色，使联话成为继我国诗话、词话、文话之后又一种新的文学评论形式。可以说，《楹联丛话》的问世是我国楹联发展史上的一个里程

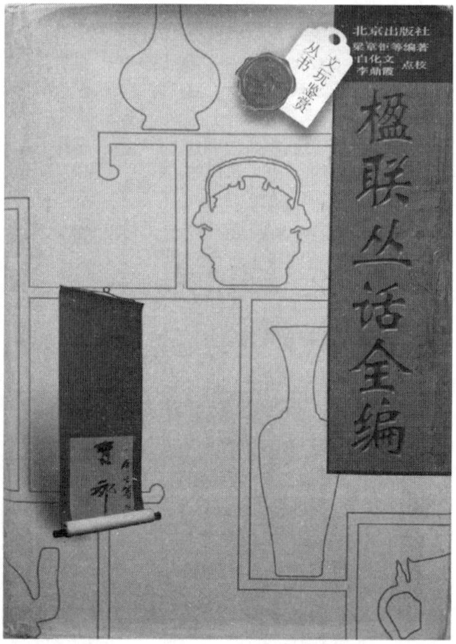

北京出版社出版的《楹联丛话全编》

碑，同时也是我国文论史上值得研究的一件大事。

《楹联丛话》共12卷，收联话600余则。此后梁章钜又于道光二十三年（1843年）编撰了《楹联续话》，分4卷，收联话330则；于道光二十七年完成《楹联三话》，上下两卷，收入联话130多则。

梁章钜在《楹联丛话》的自序中对自己创作该书的初衷讲得十分清楚：清代楹联创作如此之繁盛，历朝历代的“诗话”“文话”“词话”也是汗牛充栋，而唯独于楹联的研究则是“寂寥罔述”，无人问津；而“元明以后，作者渐伙，而传者甚稀，良由无荟萃成书者，任其零落湮沉，殊可慨惜”。有鉴于此，梁章钜“因不揣固陋，创为斯编。博访遐搜，参以旧所闻见，或有伪体，必加别裁。邮筒遍于四方，讨源旁及杂说，约略条其义类，次其后先”。《楹联丛话》的成书，不仅体现了梁章钜博学宏识、刻苦钻研的精神，也体现了他对文化传承发自内心的责任感。

对于这部书的成就和意义，清嘉庆二十五年（1820年）的状元、后官至江苏巡抚的广西桂林人陈继昌在为《楹联丛话》所作的序言中说得很清楚：“一为创局，顿成巨观。”所谓“创局”者，是指《楹联丛话》打破了千年以来楹联无联话的历史，为以诗话、词话、文话等为主的中国传统文论舞台增添了一个新的品种；而所谓的“巨观”，则是指《楹联丛话》一书内容之丰富、宏阔，更是前无古人。此书一出，立即风靡于世，梁章钜在《楹联续话·序》中说：“《楹联丛话》之辑，始于桂林节署。阅二年而稿成，时远近知好以佳联录示者犹纷至沓来……初刻于桂

林，一时颇为纸贵。近闻粤西、湘南两省皆有翻刻本，后至扬州，书坊亦欲谋翻刻。”足见此书影响之大。梁章钜的《楹联丛话》对我国楹联的发展影响极大，自其联话问世以来的100多年中，各类联书有如雨后春笋般涌出，达三四百种之多。

梁章钜的《楹联丛话》搜集保存了大量的历代名联佳对，可以说是一座极其丰富的矿藏，弥足珍贵。梁章钜早年游宦各地，便留心收集各地对联，在编书之时，更是博访遍搜，投书四方师友，广为征集联作。陈继昌在《楹联丛话》的序言中也专门提及：“公暇搜罗，孳孳未已，乃复以所辑楹帖见示，诹取八方，稿凡三易，每联辄手叙其所缘起，附以品题，判若列眉，了如指掌……”可见梁章钜为完成此书，用心、用力之勤。不仅如此，梁章钜还援引了近百种前人著述和各类典籍，从中钩沉辑佚，整理出许多有价值的楹联资料。《楹联丛话》共收入了1000多条联话，楹联更是多达数千副，很多名联佳对、珍贵的楹联资料正是赖其发掘、整理才得以保存至今。这些楹联收集的对象极多、范围极广、时间跨度极大，全书上自有案可查的唐五代，下至作者生活的清代中叶，绵延1000多年，可谓展现了一幅生动形象、具体可感的楹联发展进程。

梁章钜在《楹联丛话》中提出了楹联的分类原则，为以后楹联的分类体系的确立提供了依据，这在楹联史上是第一次。梁章钜在编撰此书之初，就明确了一个编撰目的，就是要对有着悠久历史和浩如烟海的楹联进行分类与归纳。《楹联丛话》将楹联的内容题材等分为故事、应制、庙祀、廨宇、胜迹、格言、佳话、挽词、集句、杂缀等十大类。这一分类原则对其后的楹联研究者与爱好者产生了巨大的影响，提供了可资借鉴的依据，其中格言、挽词、集句等三类，时至今日仍沿用其旧称。

梁章钜对搜集到的楹联作品还进行了整理、考证、辨析，特别是对源流发展进行考辨和介绍，进而对楹联进行必要的品评。《楹联丛话》的理论建树极高，其中的核心观点与见解，最为重要的当是“工”“切”“雅”。在该书中，梁章钜还运用了许多概念和术语，这些概念和术语都是围绕着工、切、雅这三个核心观点来展开的。“工”，主要是针对楹联必须对仗这一基本特征而提出的，要求楹联的对仗必须工整，这是楹联的最基本要求；“切”，是指楹联在内容上，要与所描写、叙述的对象相吻合，要切人切事切地，且不可易移；“雅”，则是对楹联在更高的一个层面上的要求，即在“工”和“切”的基础上在题材内容、语言、风格等方面要达到醇正、庄重、典雅、自然等的特点，从而体现出作者的思想境界、修养胸襟和才华等。

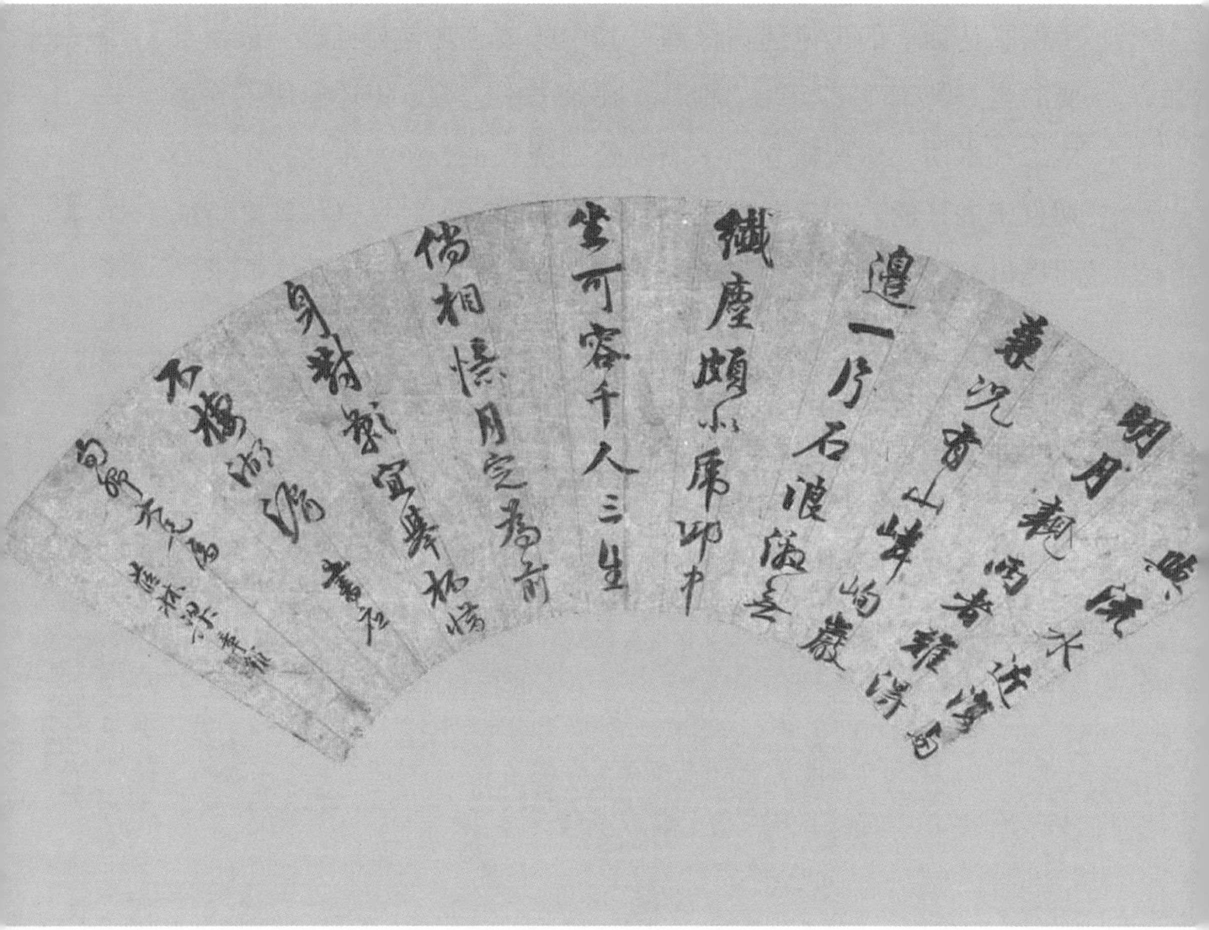

第八章

浪迹江湖 心忧天下

由于旧疾复作，以及对官场的厌恶、对艰危时局的无奈，加上对归隐生活的向往，梁章钜于道光二十一年（1841 年）辞官。在返回福州途中，因战争，只得“浪迹”扬州、苏州、浦城，这种有家归不得的状况，让他伤感不已。但更让他伤心的是国家的危难、家乡的危局，他毅然写信给自己的门生，分析时局，痛斥英人的阴谋，并呼吁朝野通力合作，制止英人的魔爪伸入福建。

辞官归里，回程受阻

道光二十一年（1841年）十一月，梁章钜因日夜操劳，眩晕旧疾复作，实在无法再处理巡抚事务，只得正式向朝廷专折陈请开缺调理，江苏巡抚一职遂由程晴峰接任。梁章钜的辞官，一是因病，二是对官场的厌恶，对艰危时局的无奈，三是对归隐生活的向往。

道光二十二年（1842年）的元旦，依惯例，梁章钜亲笔手书了“元旦开笔，归田大吉”八个大字，并把它置于府中的几上。此时，梁章钜意欲辞归的消息已为外人知晓，这一天，众多僚属一同前来梁府，一为向梁章钜拜贺，同时欲陈情挽留。但他们在几上见此八个字后，知道梁章钜是辞意已决，无法更改，只得默然退出。这一年的正月，朝廷终于准其开缺调理。梁章钜辞归之日，正是鸦片战争告急之时，国家和民族正经历着一场巨大的灾难，自此走上了长达百年的艰难曲折路程。

道光二十二年正月，引疾告归的梁章钜在返回福州途中，得知时局骤变，英军炮舰已经封锁了东海，钱塘江口戒严，战事紧急。梁章钜无法继续南下，只得滞留扬州城，在遭受残毁的容园里暂时栖身了三个月。他时刻关心着时局，与坐镇扬州的两淮盐运史但明伦积极商讨筹划备战防堵之策。梁章钜在自己后来所著的《归田琐记》卷一《堵江口》一文中，对此有着较为细致的描写：

余侨寓邗江，无所事事，然日闻海上警报，惄然忧之。当官者唯但云湖都转明伦时从余讲求此事，余曰："夷情如此猖獗，难保其不犯长江，则瓜州一带口门，不可不预为之计。"都转问计将安出，余曰："扬州本富盛之区，尚可有为。足下所筦度支，亦尽可挹注。此地若无以御之，则他处更将束手矣。今大江两岸口里，满号之漕艘，不下千百只，似可预先调齐，横塞江口，以铁索联为巨栅，每船中预伏数兵，安设枪炮火器，从头舱中穴孔以待之。再招集捆盐人夫一二千名，各予器械船只，使之并力堵御，重赏之下，必有勇夫，以废艘为前矛，以捆徒为后劲，四十里外，有此两层扼隘，英夷虽猛，恐亦不能飞来矣。"都转闻之，极为动念。正在筹画间，而焦山口早望见夷帆，夷兵倏陷镇江，即回指金陵，不数日，和议已成，此事遂止。

客居扬州三个月，虽有阮元、钱泳等一批名流、文友前来探望，文人相聚，虽也不免诗酒唱和，但终难以抑制梁章钜客居他乡的孤寂之感。转眼到了五月底，梁章钜闻听英军战舰已经驶进图山口，遂仓促挈家人登船，渡江而南，直抵苏州，打算再转道回闽。当梁章钜一行人乘舟过了丹阳没几天，又听闻英军已经攻陷京口了。梁章钜在《归田琐记》卷一中对此有记载：

嗣因扬城警报踵至，探知夷艅已迫焦山口，复踉跄挈家于六月初渡江。时京口草木皆兵，一叶扁舟，从锋镝中夺路而出。甫过丹阳，即闻镇江府城已被夷兵攻

> 破，道途梗阻。幸途遇带兵大帅齐礼堂参赞慎北来救援，某与参赞曾为甘陇同寅，承其沿途拥护，星夜趱驰，得以安抵苏州。

可以想象，一个年近古稀的老人在这种情形下的内心是如何痛苦和感慨的。由于梁章钜已经退出官场，加之混乱的时局，注定了他的这一行程必定是寂寞、艰难和痛苦的，即便是在与他有着极深渊源的苏州也是如此。在苏州，他寻访当年问梅诗社诸文友及同僚旧属，遗憾的是，这些故旧亲朋大半凋零，此情此景，让梁章钜有不胜唏嘘之叹。

经过旅途的颠簸，六月底，梁章钜与家人一行终于辗转抵达闽北的山城浦城。正准备稍事休整后再启程返回老家福州，又听闻英人要在福州设立码头，而且已经由当地官员报奏朝廷，而城中士民闻此惶恐不安，纷纷准备逃难。得知这个情况，梁章钜就无法再继续南行了，只得又一次滞留浦城。由于梁章钜一家人口甚众，只得在浦城借宅而居。

年老的梁章钜此番避难浦城，心情颇为不佳，其根本原因就是有家归不得。远在山城的梁章钜，无法抑制自己的思乡之情，他只能向南遥望福州城的三山两塔，内心伤感不已。梁章钜在《归田琐记》卷一中是如此描述的："又七年，复以疾引退，则并不但无田可归，竟至有家不能归。回首双塔三山，如同天上……"在《归田琐记》卷八所载的《北东园日记诗》中的第一首就记载这种有家归不得的感伤心情：

> 归田何事不真归，但说无田抑又非。
> 直是有家归不得，三山双塔隔斜晖。

心忧国家

这年七月，梁章钜写了一封信给时任福建巡抚的刘鸿翱。这封信言辞激烈，几近横眉怒目。平素为人处世以平和著称的梁章钜何以在年近七旬、退隐林下的时候给曾是自己门生的刘鸿翱写了这么一封言辞激烈的信呢？原来梁章钜在南归途中，听闻朝廷与英人议和之事，心中已是满心忧愤，又闻知英人想在家乡福州添设码头的消息，更是愤懑不已。他立即修书给刘鸿翱，一方面痛陈时弊，极力反对将福州辟为通商口岸；另一方面指出英人的真实用心，规劝刘鸿翱应洞察其奸，呼吁朝野通力合作，制止英人的魔爪伸入福建。

这封信的主要内容如下：

……探闻江南大吏，以千万金钱，与英夷议和，许其于江南、浙江、福建、广东四省设立码头互市。业经奏准。呜呼！此乃城下之盟，不得已权宜之计……

……忽闻英夷复欲在福州添设一码头，执事已为据情奏请，不胜骇愕……又闻执事，以此事顶奏，求顺夷情，则诚某之所不解也。试问执事夷情重乎？民情重乎……今此之请添码头，乃执事之拂民情以顺夷情，果何说以处此？民为邦本，执事于本末之分，顺逆之理，亦曾熟思而审处之乎？且此事本末，至易明也……

且执事亦知该夷所以必住福州之故乎？该夷所必需者，中国之茶叶，而崇安所产，尤该夷所醉心，既得

> 福州，则可以渐达崇安。此间早传该夷有欲买武夷山之说，诚非无因。若果福州已设码头，则延建一带，必至往来无忌……得陇望蜀，人之常情，况犬羊之无厌乎？此局果成，其弊将有不可殚述者……

从这封书信的文字来看，首先对传闻中的，也就是后来清廷被迫与英国签订的《南京条约》中的赔款、开放五口通商口岸表示了极大的不满，一针见血地指出这是城下之盟。信中梁章钜的悲愤之情，开篇即溢于言表。接着话锋直指英人欲在福州添设码头一事，斥责刘鸿翱将此事顶奏，是罔顾民情。当时曾盛传朝廷要以“五口通商”为议和条件，遭到了人们的反对，是“四口通商”，还是“五口通商”，朝野也曾激烈争论，清廷也曾想以泉州换下福州。梁章钜的态度十分明确，“四口通商”，是鸦片战争失败后的议和方案之一，对于“五口通商”，他认为“福州则从开国以来，并无此举”，欲要如此做法，则实是“添一码头以媚之”。因此，他极力呼请朝野上下通力反对开放福州口岸，也使英夷知道中国是不可以非理妄干的。

接着，梁章钜在信中指出了英人要将福州也作为通商口岸的真实目的，是觊觎和贪婪闽北的茶叶，特别是武夷茶。正是基于这样的考虑和认识，梁章钜提醒刘鸿翱务必要高度警惕。

梁章钜此信，持论严正，态度鲜明，言语切直，感情激越，痛陈时弊，爱国之心跃然纸上。这封书信内容独特，风格别样，可以看到梁章钜性格、性情的另一侧面。

身在山城的梁章钜，此时心里还牵挂着一件事，就是他的挚友林则徐。在鸦片战争中，英军进犯天津海口，林则徐遭诬陷，道光帝于道光二十年（1840年）十月以“误国病民，办理不善”的罪名将林则徐查办，道光二十一年五月，又命他以四品卿衔去浙江随营效力，但很快又以“废弛营务”的罪名将林则徐的四品卿衔革去，遣戍新疆伊犁。这些消息陆陆续续传到梁章钜的耳中，令他寝食难安，焦虑万分，记载在《归田琐记》一书中的《北东园日记诗》有一首写于此时的诗，形象地描写了在听闻林则徐遭遇后的心境：

出塞不辞三万里，著书须计一千年。

可怜粤麓非屏麓，望断苍茫敕勒天。

梁章钜在此诗下自注云：“昨有传林少穆已赐还入关者，为之喜而不寐，实谣言也。余福州老屋在屏山之麓，与少穆为比邻者数年。”诗中一个“望断”，写尽了远在福建的梁章钜对林则徐的牵挂之情。

退菴自訂年譜

退菴居士系出安定梁氏名章鉅字閎中又字茝林晚年自號退菴由泉州宋丞相文靖公派下分居福州長樂縣南鄉之江田里 國初遷居福州城中自前明迄今十五傳皆爲郡縣學諸生不斷河間紀文達公督學閩中以書香世業扁旌吾閭乾隆四十年乙未七月初六日生於福州淳仁里時先考翼齋公上公車未回是年先叔父九山公成進士入翰林翼齋公諱贊圖字斯志又字翼齋行二乾隆戊子與同縣弟九山公同舉於鄉考補 內廷咸安

《退庵自订年谱》刻本

道光二十四年（1844年），梁章钜在山城迎来了他人生的第70个生日。梁章钜的生日与七夕前后仅隔一天，人生七十古来稀，这对梁章钜来说是一个很重要的日子，回顾自己的一生，他感慨万千，提笔写了一部《退庵自订年谱》，纲要式地叙述了他自2岁一直到70岁的人生经历。70岁生日的梁章钜是寂寞的，因时局混乱，远在他乡的梁章钜无

法与自己的子孙、亲朋好友相聚。此时，从家乡福州寄来的王庆云的寿序和王叔兰的祝寿联总算让滞留山城、心情寂寥的梁章钜有了些许的慰藉。王庆云，字雁汀，福建闽县人，道光九年（1829年）进士，擅财政，通知时事，历任户部侍郎、山西巡抚、四川总督、左都御史和工部尚书。这篇精彩的贺寿全文如下：

梁氏出长乐江田，自前明以儒世其家，至乾隆间始显。先生由词垣历枢禁，出典封圻，扬历中外四十年。悬车之日，神明不衰。天之笃生老成，使享大年，受多祉，用出于十五世儒冠之家，盖其所从来者远矣。夫人臣事君，大节在进退，唯大臣尤难。其进也，委蛇持重，度吾身之以有为；而其退也，使臣子知有不可苟之禄，而终不以远贤之谤，归之朝廷。是故进亦所以事君，退亦所以事君。先生自壬戌通籍，还家主讲席者将十年，读书自娱，不汲汲进取。履外任不六七年，由郡守至方伯。上方向用，而先生以疾引归。既归之四年，特旨召授甘肃藩司，擢广西，调江苏，于是再疾辞。可以有为而后进，一不可而遂退。以先生受主知，得行其志，而犹难进易退如此。先生之抚江苏，属英夷窥我东南，先生督师驻上海，自吴淞至宝山口，斥堠严肃。其经画有方，尤在纵商民海舶入港，而不拒以资敌。时军事属扬威将军。先生积忧成疾，乃疏请致仕。闻先生之将引疾也，遇所知，益剧谈当代欠物，与否泰消长之理，一月之间，封章再上，人莫测所繇，疑有所掊击者。久之，中旨未下，而先生遂以疾行。先生精吏事，所至有善政，所拔荐多伟人。官东南久，屡修水利，如泖湖、练湖、吴淞、孟渎，为泽甚溥。辛卯，江、淮大水，流民塞道，先生多方资送留养，凡活六十余万人。昔富郑公在青州，活饥民五十万，自言胜作二十四考中书，先生功德在人，于是为大矣。生平无他嗜好，以著述为性命，强识博闻，达于国家掌故。其居乡，以文献为己任，于经史皆有撰述。尤精《文选》，旁及艺文杂记，定着若干种。文章润身，政事及物，惟先生实兼之。今大江南北，喁喁然望先生复出，而先生方以疾解，窃谓先生精神强固，疾既有瘳，且惟上能保全始终，使先生得以疾辞，则亦惟上能愈先生之疾而起之。先生其俯仰屈伸以利形，进退步趋以实下，吸新吐故以利脏，专志积精以适神，颐养天和，相时而动，此则都人士所以寿先生之意也。

王庆云的这篇寿序写得条理清晰，文字精练准确，提纲挈领，形象生动地概述了梁章钜一生的主要政绩和著述成就，同时文字中也饱含着情感，是一篇文情并茂的贺寿好文。

尤其让梁章钜高兴的是王叔兰的祝寿联：

二十举乡，三十登第，四十还朝，五十出守，六十开府，七十归田，须知此后逍遥，一代福人多暇日；

简如格言，详如《随笔》，博如《旁证》，精如《选》学，巧如《联话》，富如诗集，略数平生著述，千秋大业擅名山。

这副对联高度而形象地概括了梁章钜一生的仕途和著述的不凡业绩和成就，是后来梁章钜研究者一直所津津乐道和引用的。上联概述梁章钜于仕途上勤勉有为，七十归田后，从此逍遥享受晚年清福；下联赞颂梁章钜博学多识，著作等身，或简约，或详尽，或广博，或精深，或巧妙，足以藏之名山，传之后世，千秋不朽。这副联语虽只是缕述官职和著作名，但以先分后总的写法，并不让人觉得琐碎，上下联的前六句，都是自对，形成排比，一贯而下，读来颇有气势，这让精通楹联的梁章钜极为喜欢。

道光二十六年（1846年）春，72岁的梁章钜接到门生许惇书的来信，热忱邀请他到杭州游历和散心。在浦城已经居住了4年有余的梁章钜便携儿子梁恭辰一家北上，开始了他晚年“浪迹”之旅。梁章钜此次以逾七十高龄之身远游，其原因是浦城的风俗与他极不适应，加之时局让他极为痛苦，所见所闻都无法让一个年迈的老者高兴和安宁，儿孙见此，都劝他出游散心和规避，恰逢许惇书来信相邀，才有了这番远游。

梁章钜74岁时撰写的楹联墨迹

梁章钜前往杭州、苏州、扬州等地，再次踏上“浪迹”之旅，所到之处，并无多少心情散心，而是关注着艰难的时局，在与魏源、陈庆镛等人见面时，所谈也都是国家之事，而但凡有机会，他也不顾年迈之身，站出来或呼吁呐喊，或恳辞建议。

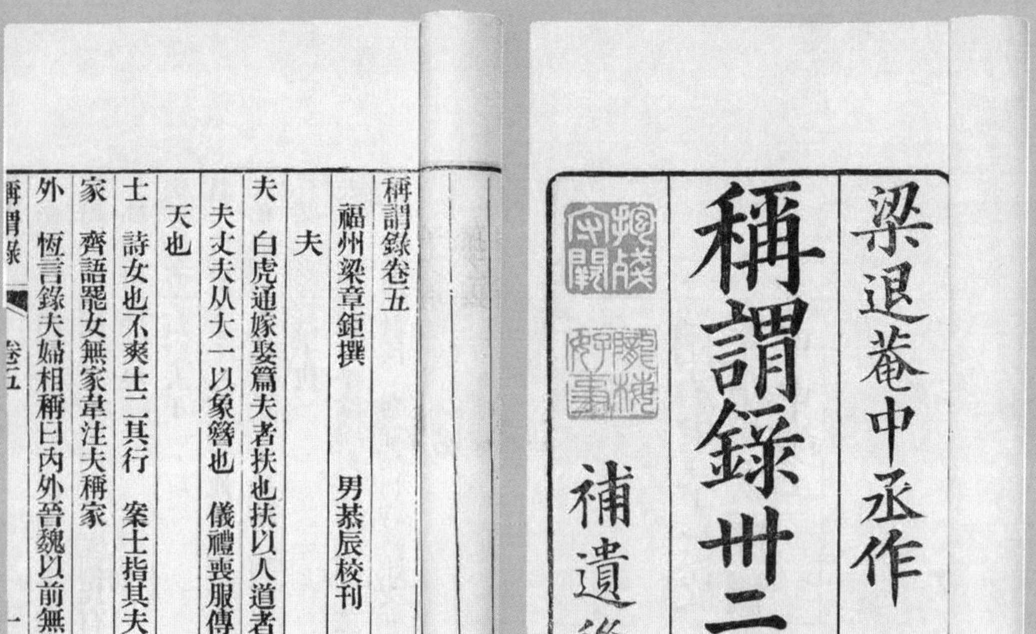

梁退菴中丞作

稱謂錄卅二卷

補遺後出

稱謂錄卷五

福州梁章鉅撰　　男恭辰校刊

夫

夫　白虎通嫁娶篇夫者扶也扶以人道者也　說文夫丈夫从大一以象簪也　儀禮喪服傳夫者妻之天也

士　詩女也不爽士二其行　案士指其夫

家　齊語罷女無家韋注夫稱家

外　恆言錄夫婦相稱曰內外晉魏以前無之如秦嘉

第九章

笔记大师 再赋新篇

晚年的梁章钜，或闲居山城，或浪迹江湖，但他始终不改其学者、书生的本色，仍然思考不停，笔耕不辍，越是晚年，其创作的动力与成果反倒更如喷泉般涌出。

晚年著述

梁章钜曾使用过的砚台

诚如王庆云在梁章钜七十大寿时所写的寿序中所言："生平无他嗜好，以著述为性命，强识博闻，达于国家掌故。其居乡，以文献为己任，于经史皆有撰述。"

著述几乎成了梁章钜归田以后生活的重要内容，而且著述的成果相当丰富。在《退庵随笔》中梁章钜说过这样一番令人感慨颇深的话："古言儒行必曰近文章，今之自命为儒者，乃不以无文为耻，甚可怪也。魏文帝《典论》云：'文章经国之大业，不朽之盛事，年寿有时而尽，荣乐止于其身。二者必至之常期，未若文章之无穷。'而今人多不强力贫贱则慑于饥寒富贵，则流于逸乐，遂营目前之务，而遗千载之功。日月逝于上体，貌衰于下，忽与万物迁化。斯志士之大痛也。此段文字至为沉痛，足以动人，后学当书之座右，以资警省。"从梁章钜这段文字来看，他的确不把自己仅仅当作一名官员，而是在骨子里将自己视为一名读书人，而著述也不仅仅是性之所好，更是把它视为志士之千载之功和大业。

70岁以后的梁章钜佳作不断：《退庵自订年谱》、《楹联三话》（二卷）、《归田琐记》（八卷）、《浪迹丛谈》（八卷）、《浪迹续谈》（八卷）、《浪迹三谈》（六卷）、《雁荡诗话》（二卷）、《闽川闺秀诗话》（四卷）、《称谓录》（三十二卷）。这些著作，要么富有创新意蕴，填补同类著作的空白，要么在同类著作中占有一席重要的地位。

《雁荡诗话》

《雁荡诗话》是梁章钜74岁时所著，是他晚年的一部颇有特色的诗话。这部诗话于梁章钜道光二十八年（1848年）游雁荡山后完成。非常凑巧的是，近代著名启蒙思想家魏源在完成了《海国图志》后，也于这时游历了雁荡山，并在温州与梁章钜相遇。梁章钜对魏源深为敬重，他热忱地邀请魏源在署中留住三日，与之促膝长谈。魏源拜读了梁章钜游雁荡山所作的游记和长诗后，深为欣赏，便建议他就此作一部以雁荡山这一尚藏在深闺的秀美山川为主题的诗话。在魏源的颇具创意的鼓励下，梁章钜深受启发，遂振奋精神，克服了年迈和资料稀少、查阅不便等困难，“披郄导窾，搜沉掇沦，参以旁书，纬以己意，费月余日之力，次成若干条”。经过一个多月的辛劳，终成此书。

此外，这部诗话能够成书，还得力于梁章钜有着一双不同寻常的慧眼。他认为雁荡名山，较黄山、庐山、天台、武夷和桂林知名晚，虽有方志记载，但终究缺乏鲜活的灵性，因为名山必得人文精神以相融才能得以彰显。为使名山能够名实相符，为天下人所熟知，遂不顾年迈挥笔成书。

《雁荡诗话》全书共分上下两卷，上卷始于唐代的贯休，迄于清代乾嘉时的陈伦炯、倪洪范，所采撷的资料皆来自旧志；下

卷始于朱彝尊，终于梁章钜此番游山时同伴诸人的唱和，这些资料旧志皆无。

《雁荡诗话》在体例编排上，看似颇为杂乱，但细加阅读，自有其特点和规律。全书是以时间以及梁章钜此次游历雁荡山的线路为线索，依此原则，在条目的设置上，将不同时期的诗和雁荡山的景致交替编排。每卷条目或人或景，如以景为目，则对景致的名称、历史进行辨析，间或以生动的笔触描绘雁荡山特有的景致，之后再附以诗人的诗作，最后再以按语的形式进行评述和辨析；如以人为目，则先介绍诗人和与雁荡山相关的诗作，必要时还附以考证，最后再加以按语。诗话中融入了描写、诗作和考证等要素，这本身就是一个颇具特色、阅读性很强的随笔文字。纵览全书，文字严谨，辨析精细，兴会流于笔端，真可谓年逾迈，而笔力弥健。

雁蕩詩話卷上

福州梁章鉅撰

貫休

雁蕩詩莫古於貫休今輯詩話即應託始此人溫州府志中尚有張又新詠常雲峰詩云仙府靈臺莫漫登絳雲香霧晝長蒸君能到此消塵慮隱豹垂天亦爲澄又滴水巷詩云滴滴泠泠徹碧紗旱時無減雨無加澄清好是爲官侶引入孤城一帶斜又有吳畦登雁蕩明王峰詩云明王巘業與天齊勢壓諸峰不可梯雲雨孤鐘天外度叫霜羣雁月中棲仰觀碧落星辰近俯視紅塵世界低七尺靈光

雁蕩詩話 卷上

19

《雁荡诗话》刻本

融自然胜景、历代诗人诗作和精严考证于一体，是这部诗话在中国诗话史上的一个创举。

《闽川闺秀诗话》

《闽川闺秀诗话》是一部集中展现明清时期福建地方女性诗

人所创作的诗歌作品和生平事迹的诗话。全书共分4卷，收有104位明清两代闽籍女诗人的事迹与诗歌。《闽川闺秀诗话》当编撰于道光二十八年（1848年）孟夏至道光二十九年夏之间的温州，梁章钜时年74岁。

《闽川闺秀诗话》一书各条目基本上是由4个要素组成，一是叙述所录女诗人的生平，二是记述女诗人的事迹，三是选录女诗人的诗作，四是编撰者梁章钜的评述。

《闽川闺秀诗话》一书的序文为梁章钜之堂妹梁韵书所写。在这篇400来字的序文中，梁韵书表达了几层意思，一是充分肯定了堂兄梁章钜所编撰的这部诗话的意义，“晋安风雅已久”，诗话的传统也源远流长，但“此后继响无闻”，且于“闺媛”一门则未有涉笔者。而梁章钜这部诗话的出现，不仅为“继响无闻”的诗坛增添新作，更重要的是打破了闺媛一门无人涉笔的历史，事实上闽地的闺媛诗作始终未有人予以关注和整理，而梁章钜不仅“留意梓邦故实”，也留意闺媛一门，并首创此例，编撰这部诗话，使之成为闽地的第一部女性诗话，打破了“并未有涉笔者”的现象。二是此书的编撰，梁章钜是经过了“详加采访”而成的，同时，还有赖于梁章钜平时的多方搜罗。为编撰此书，梁章钜还查阅了《莆风清籁集》《闺秀正始集》《国朝诗别裁集》《福建通志》等大量典籍，以及相关的人物传记与墓志铭等，克服当时“浪迹”时查阅不便、藏书不多等诸多不利条件。因此，《闽川闺秀诗话》一书不仅有着较高的史料价值，保存了许多闽地女诗人的作品和资料，于乡邦文献有所增补，也是后人了解明清时期福建女诗人创作情况及精神风貌的窗口和材料。

梁章钜早年曾以“或以人而存诗，或以诗而存人”来概括他《南浦诗话》的编撰体例特点和编撰目的。《闽川闺秀诗话》所收录的104位女诗人，也基本遵循这个编撰原则。在这部诗话里，梁章钜对这些女诗人的生平资料做了全面的收集，从诗人的字号、籍贯、家世、婚姻状况以及著述详加记载，对所录的诗歌的创作缘起、写作背景和创作经过也尽其所能予以记录。如此把诗人的生平资料与诗作比照融通阅读，可以较全面地了解诗人的全貌，从而达到以人存诗和以诗存人的目的。

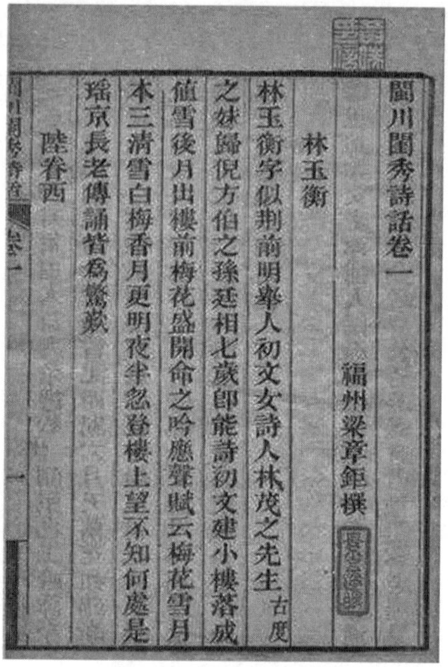
閩川閨秀詩話卷一
福州梁章鉅撰
林玉衡
林玉衡字似荆莆明舉人初文女詩人林茂之先生古度
之妹歸倪方伯之孫廷相七歲即能詩初文建小樓落成
值雪後月出樓前梅花盛開命之吟應聲賦云梅花雪月
本三清雪白梅香月更明夜半忽登樓上望不知何處是
瑤京長老傳誦皆爲驚歎
陸眘西

《闽川闺秀诗话》刻本

兼收并取，不拘一格，这是梁章钜编撰选录女诗人诗作的一个原则和这部诗话的另一大特色。女性所擅长抒写的儿女情长、诗酒酬唱、吟风咏月、触物感怀、闺思念远等题材，自然是收罗其中，而叙写家庭不幸、所嫁非人、生活艰辛、芳华早陨、夫亡守节等，也同样撷取。这些诗作内容广泛，情真意切，语言沉挚，颇具感染人心之力。

《归田琐记》

梁章钜一生著述等身，其最著名的种类，笔记可算为一种。

而在其所著的众多的笔记著作中，其晚年所写的《归田琐记》和《浪迹丛谈》两部，不仅闻名于世，为梁氏笔记创作的代表性著作，而且堪称清代笔记之典范。

《归田琐记》是梁章钜于71岁时完成，他在此书卷一和首篇《归田》中即明言其创作主旨是：“大抵古人著述，各有所本，虽小说家亦然，要足资考据，备劝惩，砭俗情，助谈剧，故虽历千百年而莫之或废也。”从全书的内容来看，梁章钜是力求于创作中达到这个目的的。

《归田琐记》全书共8卷，第一卷主要记载扬州的园林、坊巷、藏书楼、草木虫鱼，还有一些民间验方。第二卷主要记录书信、家传、寿序、钱法以及一些生活琐事。第三卷则是谈论历史人物、碑帖、名胜和典章制度。第四卷主要是记载古今人物和科第。第五卷是关于清代前期人物的逸闻轶事，不少条目记载甚详，人物刻画形象生动，为梁章钜著述中所少有。第六卷记载梁章钜师友事迹轶事，以及读书论学、诗歌楹联等，其中《已刻未刻书目》记录了梁章钜一生的个人所著述的著作，极有参考价值。第七卷记载的是小说、酒食、谜语等，其中不乏精妙片断。第八卷主要收录的是梁章钜晚年所写的日记诗，总题为《北东园日记诗》。

中华书局版《归田琐记》

《浪迹丛谈》

继《归田琐记》之后，梁章钜又撰写了一部类似的笔记《浪迹丛谈》。梁章钜于道光二十六年（1846年）至道光二十九年先后游历杭州、扬州等地，最后就养于温州。三年的踪迹，梁章钜自认与“浪迹”无异，有感于此，遂以“浪迹”命名此书。梁章钜是有感于杜甫“近侍即今难浪迹，此身那得更无家”的诗句，自己是“唯有家而不能归，不得已而近于浪迹”，并以“浪迹”名其书，“浪迹”是存其实，“丛谈”则犹如琐记。在这期间，梁章钜于道光二十七年冬完成《浪迹丛谈》，次年完成《浪迹续谈》，于道光二十九年撰写《浪迹三谈》。

《浪迹丛谈》共11卷，卷一主要记名胜、诗作，卷二记写扬州名胜，卷三记写人物，卷四记写官职，卷五记录铸钱、开矿、武备、科目，卷六记载明人事迹、命名，卷七记录巧对杂谜，卷八记录医方，卷九记载金石书画，卷十评说诗歌和诗话，卷十一附个人诗作。

中华书局版《浪迹丛谈续谈三谈》

《浪迹续谈》共计8卷，是梁章钜游历杭州、苏州、温州等地所著的随笔，内容多以记写山川名胜和掌故逸闻为主。卷一主要记苏州园林名山、杭州寺院胜景，卷二主要是记写温州之行的景致和人物逸事，卷三专记其游雁荡山之事，卷四谈酒和各种食物做法与掌故，卷五谈论人物，卷六品评戏曲及戏中人物，卷七和卷八主要是记写俗语传闻。

《浪迹三谈》共6卷，是梁章钜居留温州时所撰，多为诗作，并辑录有前人著作中的论述。卷一总题为《观奕轩杂录》，卷二记述改元、年号、纪元等，卷三评人物图籍，卷四辑录梁章钜自己的诗作，卷五谈论酒和食品，卷六为杂说和个人的诗作。

《归田琐记》和《浪迹三谈》这两部笔记的创作时间前后累计长达六年，前后相连，内容相似，体例相同。纵览两部笔记，从内容来看，包罗广泛，国计民生、军政要事、典章制度、经史议论、风土人情、园林佳胜、里巷习俗等等，靡不涉及；从类别来看，则涵盖历史琐闻和考据辩证两大类。

这两部约40万字的笔记之所以在浩如烟海的清代笔记中享有较高的声誉，在于其内容可补正史记载之不足，翔实可信，能够还原历史和现实的多元性和复杂性，并能反映社会政治、经济文化的真实情况，从而体现清人笔记之价值和特色。

首先，保存了大量的史实与时事资料，反映了社会风云和习俗，为研究者所珍重。《浪迹丛谈》卷五中的“英夷”“鸦片”“水雷”“炮考”“天主教”等条中，或通过如实叙述，或通过他人之口转述，或以翔实的事实与数字来说明，展现了鸦片战争前后历史天空变幻的丝丝风云。再如《归田琐记》卷五“和珅”条，记叙了乾隆朝权倾朝野的和珅的种种罪状。文章从三个层次叙述和珅之案由，先述乾隆去世后，御史广兴上疏揭

发，嘉庆下旨各省督抚议其罪，直隶总督条陈其罪；再将其二十大罪条目逐一罗列，终致嘉庆下令其自裁；然后再补以对和珅私藏朝珠等重罪如何处置等事。文章多以翔实数字、实物和具体事例来陈述，事由清楚，叙述明晰。相类的还有如“鳌拜”“年羹尧”“噶礼”等诸条。

其次，所记写足以广记闻。这两部笔记的题材涉及面相当广，内容翔实，文笔质朴，足以广见闻、备参考、裨参读。如这两部笔记中所记的黄道周、洪承畴、李光地、鳌拜、隆科多、年羹尧、胡中藻、和珅、刘墉、纪昀、朱珪等人之故事，不仅可备史助，也可增加对这些历史人物的立体感认知，增加对当时历史状况的了解。梁章钜距这些人物生活的年代并不久远，有些人物与之还是师生关系，或是同朝为官，因此写来文字极为生动传神。这些篇章中，有不少处都引用了奏稿御批等材料，是不可多得的可靠的第一手材料。在《浪迹丛谈》卷四中所介绍的翰林院、大学士、学士缘起等，对清代典制的研究多有裨益，其于官制、兵制、谥法、封爵等的叙述、记载，均有依据，翔实而足信。笔记中所涉及的对方药、各地各类习俗、酒食的介绍，更是有助于对清代各地民俗、风情的了解和研究。

最后，展现了清代笔记的风格特征。这两部堪称梁章钜代表作的笔记，十分典型地表现出学者化之笔的特征。在记述内容和取材上，多以文人学者的趣味为取舍标准，体现文人博学儒雅的习性。而在写作手法上，则将属于学术范畴的考据手法广泛应用在笔记的写作过程中。由于乾嘉学派支配了当时的学术领域，其风熏染，当时的学者和笔记创作均多受影响。这一特征在梁章钜的笔记创作中，也表现得相当明显。

由于上述原因，梁章钜的笔记作品在风格上以翔实、质朴为主，文字简洁平实，而在审美理想与标准上，则显得简淡、博学、儒雅与和顺从容。同时，在从容的行文过程中，多是冷静客观的叙述，少有作者自己的心情、心理和思想的直接描写与披露，似乎都融会于冷静而睿智的理性判断与客观描述之中。

《称谓录》

道光二十八年（1848年），梁章钜以74岁的高龄，在浦城完成了一部酝酿多年的、具有开创性意义的著作《称谓录》，但未及付梓，便于次年去世。

《称谓录》是梁章钜收集了各类称谓，经过归类立目，并加以解释编纂而成的一部专门性的类义词典，也是一部特色鲜明、具有开创意义的辞书，是称谓学的划时代的著作。

《称谓录》一书是梁章钜所著的论著中卷帙最多的一部，全书收集了从古至今的各种称谓，将其归类立目，并加以逐条解释。该书共计有32卷，类目738个，词目达5424条，总字数达30

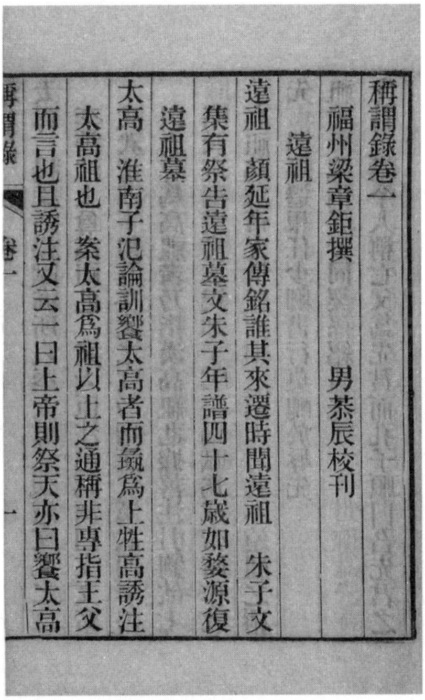
稱謂錄卷一
福州梁章鉅撰 男恭辰校刊
遠祖
遠祖 顔延年家傳銘誰其來還時閒遠祖 朱子文
集有祭告遠祖墓文朱子年譜四十七歲加婺源復
遠祖墓
太高 淮南子氾論訓饗太高者而彘爲上牲高誘注
太高祖也 案太高爲祖以上之通稱非專指王父
而言也且誘注又云一曰上帝則祭天亦曰饗太高
稱謂錄 卷一 一

《称谓录》刻本

万字。

中华书局版《称谓录亲属记》

中国古代人们对称谓非常重视，因其能够标明人与人之间的长幼、尊卑、亲疏关系，同时称谓还是维持封建宗法制与等级制度的必要手段，它能体现人际交往的礼节，达到调整人际关系的目的。因此，中国历史上很早就有人对称谓进行评述、研究和归纳，早的如《礼记·曲礼》《尔雅·释亲》等，北周的卢辨《称谓》一书可能是有一定系统性的专书，但此书早佚，今人无法窥得原貌。此后各类著述中对称谓的研究也有涉及，但上述各类著作都存在一个问题，就是梁章钜自己所说的：“惜无分门别类、荟萃成编者。”因此，梁章钜《称谓录》的最大意义是在继承前人研究的基础上，保存和整理了中国自古以来浩如烟海的称谓，搭建了至当时为止最完善、最细致并具有中国特色的称谓体系。

梁章钜在《称谓录》中梳理出了一个庞大而近乎完善的称谓体系。在这个大的体系之中，包含了32个分支小系，大致又可以归结为四大类。

第一大类主要是由血缘亲属和婚姻亲属这两大关系而形成的亲属关系。这一大类主要包含了7个小系，一是由远祖到祖父母、父母；二是父党；三是母党；四是兄弟；五是姐妹党；六是夫、妻、妾系；七是子女孙党暨姻亲。第二大类主要是归结社会上的人与人之间的各种称谓，也就是整个社会和组织间按当时的制度所规定的每个人的定位，以及相互间所形成的关系。第三大类是社会行业的各种称谓。这些五光十色的称谓，折射出社会各个层面的各色人等的社会地位和他们所凭借的各种谋生手段，是一幅鲜活的社会众生相。第四大类是各种杂称，如自称、谦称、尊称、美称、泛称、贱称等。这类称谓体现了它们在调整人际关系中的作用。成千上万的称谓，经梁章钜的分类梳理，丰富而不紊乱，纲目极为清楚。

梁章钜在《称谓录》中对各类称谓的分析、组合与排序，是相当有见地的。梁章钜在这部著作中还体现出了一个称谓的历史演变过程和地区区别，从而使人们看到了称谓的变化和发展以及相互间错综复杂的关系。

《称谓录》一书，收集例证详尽，保存了相当丰富的历史语言资料，且便于查考，诚如林则徐在为该书所作序言中称赞的“甫卒读，如入郇厨，别类分门，无珍不备，心目为之炫耀”，是一部“稽古征今之作，诚非其人莫之为者”。即便是同一个称谓，梁章钜也是尽其所能予以收集，有的称谓甚至收录达六七十种之多。

此外，《称谓录》的释义书证较为准确、全面，凡条目都有列举书证，辅助释义，有的还引用注疏旁证，加以训释考证，甚至还加上了按语，对称谓演变作了较为全面的历史介绍，还有的用自己的亲身经历来证实，以增强说服力。

延伸阅读

[清]梁章钜.归田琐记.北京：中华书局，1981.

[清]梁章钜.浪迹丛谈 续谈 三谈.北京：中华书局，1981.

[清]梁章钜.枢垣记略.北京：中华书局，1984.

[清]梁章钜，郑珍.称谓录 亲属记.北京：中华书局，1996.

[清]梁章钜.楹联丛话全编.北京：北京出版社，1996.

[清]梁章钜.文选旁证.福州：福建人民出版社，2000.

[清]梁章钜.退庵诗存.上海：上海古籍出版社，2002.

[清]梁章钜.退庵随笔.上海：上海古籍出版社，2002.

[清]梁章钜.南浦诗话.福建省图书馆藏清嘉庆刻本.

[清]梁章钜.东南峤外诗话.福建省图书馆藏清刻本.

[清]梁章钜.三管诗话校注.南宁：广西人民出版社，1996.

[清]梁章钜.读渔洋诗随笔.福建省图书馆藏清刻本.

[清]梁章钜.雁荡诗话.（见蔡镇楚编《中国诗话珍本丛书》）北京：北京图书馆出版社，2005.

[清]游光绎.鳌峰书院志.福建省图书馆藏清嘉庆刻本.

蔡冠洛.清代七百名人传.北京：北京图书馆出版社，2008.

郑宪春.中国笔记文史.长沙：湖南大学出版社，2004.

谢国桢.明清笔记谈丛.上海：上海书店出版社，2004.

李树.中国科举史话.济南：齐鲁书社，2004.

后　记

福建，山海相拥，人杰地灵，人文荟萃，英才辈出，产生了许多伟大的思想家、文学家、教育家、科学家和民族英雄、爱国先驱、革命将士、时代楷模。他们的教育成长、道德品行和思想文章，是福建的宝贵精神财富，教育和激励着一代代福建人努力学习、奋勇前行。福建省社会科学界联合会组织编写的“福建历史文化名人丛书”，以福建历史名人为题材，古今结合，意在从高处着眼、从基础着手，普及人文社会科学知识，促进人文道德养成，使社会科学知识走进大众、走进生活、走进现实，让更多的人了解福建历史名人，弘扬优秀传统文化，增强福建文化影响力和感染力，为建设文化强省添砖加瓦。

“福建历史文化名人丛书”（第五辑）所包含的张元幹、林龙江、李光地、华喦、梁章钜、冰心6个人物故事，记录了福建文化之于中国历史的影响，同时也以人物史的叙述方式生动地展现出中国人文精神的风骨和传统文化的传承。人物篇以人物生平为线索，在故事中体现传主的学问、事功、道德，凸显他们在中华文明进程中的重要作用，深入挖掘和阐发其内在精神，从而激起读者爱国爱乡的强烈情感，使之成为涵养社会主义核心价值观的重要源泉。

这套丛书以广大群众为读者对象，尤其是各年龄段的学生群体以及受过中等教育的读者，他们对这些历史名人的认知，大多来源于历史课本、乡土教材、文化景点和博物馆，很难形成具

体、深入、系统的认识。丛书深入浅出，雅俗共赏，通过一个个生动精彩的故事带领读者走进福建历史，走入人文社会科学的知识殿堂，融故事性、知识性、趣味性、可读性于一体，对提升大众的阅读水平、普及社会科学知识、提高人文社会科学文化素养和思想道德素质有着积极的作用。

专家刘小新老师对丛书写作大纲和书稿进行了认真审读，并提出了许多很好的意见和建议，在此表示感谢！

由于编撰出版时间紧，经验和水平有限，疏漏在所难免，敬请广大读者批评指正。

编委会

2022年4月